Sous-Vide

El secret dels sabors perfectes

Albert Serra

Taula de contingut

Aletes de pollastre agredolços 9
Pits de pollastre amb cítrics 11
Pollastre Farcit de Carxofa 13
Wrap cruixent de cansalada i pollastre 15
Pollastre amb Tomàquets Secs al Sol 16
Pollastre vegetal amb salsa de soja. 18
Amanida de pollastre a l'estil xinès amb avellanes 20
Dinar de pollastre amb pebre vermell 22
Estofat de pollastre al romaní 23
Pollastre Cruixent amb Xampinyons 25
Plat de pollastre amb herbes i carbassó 27
Pollastre al coriandre amb salsa de mantega de cacauet 29
Estofat de pollastre i porros 31
Potes de pollastre a la mostassa 33
Amanida de pollastre amb formatge i cigrons 35
Pollastre amb formatge en capes 37
Pollastre a l'estil xinès 39
Mandonguilles De Pollastre A l'Orégano 41
Gallina Cornualla Carregada amb Arròs i Baies 43
Pollastre Chessy enrotllat 45
Amanida de pollastre i pèsols a la menta 47
Pollastre a les Herbes amb Salsa de Crema de Xampinyons ... 49
Pollastre fregit cruixent 51
Amanida de Pollastre Verd amb Ametlles 53

Pollastre amb coco lletós 55
Plat de pollastre i cansalada estil romà 57
Amanida de tomàquets cherry, alvocat i pollastre 59
Pollastre al Xile 61
Aletes de pollastre amb gust de mel 63
Pollastre al curri verd amb i fideus 65
Mini entrepans de pollastre al pesto amb alvocat 67
Boles de pollastre amb formatge 69
Hamburgueses de gall dindi amb formatge 71
Pavo farcit de cansalada i nous embolicat amb pernil 73
Rotlles de truita d'amanida Cèsar amb gall dindi 76
Rotlle de sàlvia de gall dindi 78
Pit de gall dindi amb farigola 81
Hamburgueses de mandonguilles de gall dindi al pesto 82
Pit de Pavo Amb Nous 84
Plat de gall dindi amb espècies 86
Pavo a Salsa de Taronja 87
Potes de gall dindi amb farigola i romaní 89
Pit de Pavo amb Clau 91
Pit De Pavo Al Anet I Romero 93
Ànec Dolç Rostit 95
Pit d'ànec amb farigola t 97
Confit d'oca de taronja 99
Pasta de gambetes amb llimona i formatge 101
Flautan amb glacejat de xerès dolç i miso 103
Salmó cruixent amb glacejat de gingebre dolç 105
Peix Cítric amb Salsa de Coco 107

Badia calentada amb llima i julivert..................109
Tilàpia cruixent amb salsa de mostassa i auró..................111
Peix espasa mostassa..................113
Truites de peix picant..................115
Truita de Carn Molida..................117
Frittata Vegetariana Lleugera..................119
Sandvitx d'Alvocat i Ou..................121
Ous diabòlics..................123
Ous durs..................125
Ous en escabetx..................126
Ous tous i amb Xile..................128
Ous Benedict..................129
Remenat d'ou amb anet i cúrcuma..................130
Ous calentats..................131
Ous a Cansalada..................132
Ous de Tomàquet Cherry..................134
Pastrami Scramble..................136
Tomàquet Shakshuka..................137
Truita d'espinacs..................139
Truita de ruca i prosciutto..................140
Truita de ceba tendra i gingebre..................141
Dits de pollastre italià..................142
Entrepans de pollastre a la cirera..................144
Torrada de canyella i caqui..................146
Aletes de pollastre amb gingebre..................148
Empanades de carn..................150
Berza farcida..................152

Pannini de salsitxa italiana amb herbes 154
Carxofes de llimona i all 156
Croquetes de rovell de panko 157
Hummus de Xile 158
Baquetes de mostassa 160
Rondes de Albergínia amb Festucs 161
Dip de pèsols verds 163
Papes fregides 164
Amanida de gall dindi amb cogombre 165
Boles de gingebre 167
Boles de mossegada de bacallà 168
Pastanagues Baby Glasseadas 170
Aletes de pollastre calents 171
Muffins de ceba i cansalada 172
Musclos al vi blanc 174
Blat de moro Tamari a la panotxa 175
Vieires amb Cansalada 176
Aperitiu de gambetes 177
Crema de fetge de pollastre 178
Vegetals de carbassa amb gingebre 180
Cues de llagosta 181
Tofu BBQ 182
Saborosa torrada francesa 183
Ànec dolç i picant 184
Ruibarbre en escabetx Sous Vide 186
Mandonguilles De Pavo 187
Cuixes Dolces amb Tomàquets Assecats al Sol 189

Pollastre Adob 190
Xoriço Afruitat "Menja'm" 191
Pollastre i Xampinyons a Salsa Marsala 193
Albercocs de vainilla amb whisky 195
Hummus condimentat fàcil 196
Baquetes de llima kaffir 198
Puré de papes lletós amb romaní 199
Broquetes de tofu dolç amb verdures 201
Filets De Pollastre Dijon 203
Pebrots Farcits de Pastanagues I Nous 205
Ànec a la taronja amb pebre vermell i farigola 207
Cama de gall dindi embolicada en cansalada 209
Barreja d'espàrrecs i estragó 211
Filets de coliflor picants 213
Tires de papa Caiena amb anament de maionesa 215

Aletes de pollastre agredolços

Temps de preparació + cocció: 2 hores 15 minuts Porcions: 2

Ingredients

12 aletes de pollastre

Sal i pebre negre al gust

1 tassa de barreja de pollastre fregit

½ tassa d'aigua

½ tassa de salsa tamari

½ ceba picada

5 dents d'all picades

2 culleradetes de gingebre en pols

2 cullerades de sucre morena

¼ tassa de mirin

Llavors de sèsam per decorar

Beurada de maicena (barreja 1 cullerada de maicena i 2 cullerades d'aigua)

Oli d'oliva per fregir

Adreces

Prepareu un bany d'aigua i col·loqueu el Sous Vide-hi. Establir el 147 F.

Col·loqueu les aletes de pollastre en una bossa amb tancament al buit i assaoneu amb sal i pebre. Allibereu l'aire mitjançant el mètode de desplaçament d'aigua, segeu i submergiu la bossa al bany d'aigua. Cuini per 2 hores. Quan el temporitzador s'hagi aturat, traieu la bossa. Escalfar una paella amb oli.

En un bol, combineu 1/2 tassa de barreja per fregir i 1/2 tassa d'aigua. Aboqui la resta de la barreja per fregir en un altre bol. Remulleu les ales a la barreja humida, després a la barreja seca. Fregir durant 1-2 minuts fins que estiguin cruixents i daurats.

Per a la salsa, escalfa una cassola i aboca-hi tots els ingredients; cuini fins que estigui bombolles. Torneu a les ales. Cobreixi amb llavors de sèsam i serveixi.

Pits de pollastre amb cítrics

Temps de preparació + cocció: 3 hores Porcions: 2

Ingredients

1½ cullerada de suc de taronja acabat d'esprémer
1½ cullerada de suc de llimona recent espremuda
1½ cullerada de sucre morena
1 cullerada de Pernod
1 cullerada d'oli d'oliva
1 cullerada de grans integrals
1 culleradeta de llavors d'api
Sal al gust
¾ culleradeta de pebre negre
2 pits de pollastre amb os i pell
1 fonoll, tallat, a rodanxes
2 clementines, sense pelar i en rodanxes
Anet picat

Adreces

Prepareu un bany d'aigua i col·loqueu el Sous Vide-hi. Ajusti'l a 146 F.

Combineu en un bol el suc de llimona, suc de taronja, Pernod, oli d'oliva, llavors d'api, sucre morena, mostassa, sal i pebre. Barrejar bé. Col·loqueu el pit de pollastre, la clementina a rodanxes i el fonoll a rodanxes en una bossa segellable al buit. Afegeix la barreja de taronja. Allibereu l'aire mitjançant el mètode de desplaçament d'aigua, segeu i submergiu la bossa al bany d'aigua. Cuini per 2 hores i 30 minuts. Quan el temporitzador s'hagi aturat, traieu la bossa i transferiu el contingut a un recipient. Escorre el pollastre i col·loca els sucs de cocció en una cassola calenta.

Cuini per uns 5 minuts, fins que bombollegi. Retirar i col·locar al pollastre. Cuini per 6 minuts fins que es dauri. Serveix el pollastre en una plata i glaça amb la salsa. Adorni amb anet i fulles de fonoll.

Pollastre Farcit de Carxofa

Temps de preparació + cocció: 3 hores 15 minuts Porcions: 6

Ingredients:

2 lliures de filets de pit de pollastre, tallats en forma de papallona
½ tassa d'espinacs tendres picades
8 dents d'all picats
10 cors de carxofa
Sal i pebre blanc al gust
4 cullerades d'oli d'oliva

Adreces:

Combineu la carxofa, el pebre i l'all en un processador d'aliments. Liqüeu fins que estigui completament suau. Prem de nou i afegeix a poc a poc l'oli fins que estigui ben incorporat.

Ompliu cada pit amb quantitats iguals de barreja de carxofes i espinacs tendres picades. Doblegueu el filet de pit novament i assegureu la vora amb una broqueta de fusta. Assaoneu amb sal i pebre blanc i transferiu a bosses separades segellables al buit. Segelli les bosses i cuini al Sous Vide durant 3 hores a 149 F.

Wrap cruixent de cansalada i pollastre

Temps de preparació + cocció: 3 hores 15 minuts Porcions: 2

Ingredients

1 pit de pollastre

2 tires de cansalada

2 cullerades de mostassa de Dijon

1 cullerada de formatge Pecorino Romà ratllat

Adreces

Prepareu un bany d'aigua i col·loqueu el Sous Vide-hi. Poseu a 146 F. Combineu el pollastre amb sal. Marinar amb mostassa de Dijon per ambdós costats. Cobreixi amb formatge Pecorino Romà i emboliqui la cansalada al voltant del pollastre.

Col·loqueu en una bossa segellable al buit. Allibereu l'aire mitjançant el mètode de desplaçament d'aigua, segeu i submergiu la bossa al bany d'aigua. Cuini per 3 hores. Quan el temporitzador s'hagi aturat, traieu el pollastre i assequeu-lo. Escalfeu una paella a foc mitjà i daureu fins que estigui cruixent.

Pollastre amb Tomàquets Secs al Sol

Temps de preparació + cocció: 1 hora i 15 minuts | Porcions: 3

Ingredients:

1 lliura de pits de pollastre, sense pell i desossats
½ tassa de tomàquets secs
1 culleradeta de mel crua
2 cullerades de suc de llimona fresca
1 cullerada de menta fresca, finament picada
1 cullerada de escalunyes picades
1 cullerada d'oli d'oliva
Sal i pebre negre al gust

Adreces:

Esbandiu els pits de pollastre amb aigua corrent freda i assequeu-los amb paper de cuina. Deixeu-ho de banda.

En un bol mitjà, combineu el suc de llimona, la mel, la menta, les escalunyes, l'oli d'oliva, la sal i el pebre. Barregeu-ho fins que estigui ben incorporat. Afegiu els pits de pollastre i els tomàquets assecats al sol. Agiteu per cobrir tot bé. Transferiuho tot a una bossa gran segellable al buit. Premeu la bossa per eliminar l'aire i segellar la tapa. Cuini al Sous Vide durant 1 hora a 167 F. Traieu del bany Maria i serveixi immediatament.

Pollastre vegetal amb salsa de soja.

Temps de preparació + cocció: 6 hores 25 minuts Porcions: 4

Ingredients

1 pollastre sencer amb os, lligat
1 quart de brou de pollastre baix en sodi
2 cullerades de salsa de soja
5 branquetes de sàlvia fresca
2 fulles de llorer seques
2 tasses de pastanagues a rodanxes
2 tasses d'api a rodanxes
½ oz de xampinyons secs
3 cullerades de mantega

Adreces

Prepareu un bany d'aigua i col·loqueu el Sous Vide-hi. Ajusti'l a 149 F.

Combineu la salsa de soja, el brou de pollastre, les herbes, les verdures i el pollastre. Col · loqueu en una bossa segellable al buit. Allibereu l'aire mitjançant el mètode de desplaçament d'aigua, segeu i submergiu la bossa al bany d'aigua. Cuini per 6 hores.

Quan el temporitzador s'hagi aturat, traieu el pollastre i escorreu les verdures. Assecar amb una safata per coure. Condimenta-ho amb oli d'oliva, sal i pebre. Escalfeu el forn a 450 F. i rostiu durant 10 minuts. En una cassola, regireu els sucs de cocció. Retira-ho del foc i barreja-ho amb mantega. Tallar el pollastre sense pell i condimentar amb sal kosher i pebre negre mòlt. Serveix a una font. Cobriu amb la salsa.

Amanida de pollastre a l'estil xinès amb avellanes

Temps de preparació + cocció: 1 hora i 50 minuts | Porcions: 4

Ingredients

4 pits de pollastre grans, desossats i sense pell
Sal i pebre negre al gust
¼ de tassa de mel
¼ tassa de salsa de soja
3 cullerades de mantega de cacauet fosa
3 cullerades d'oli de sèsam
2 cullerades d'oli vegetal
4 culleradetes de vinagre
½ culleradeta de pebre vermell fumat
1 cap d'enciam iceberg, tallat
3 cebes tendres picades
¼ tassa d'avellanes a rodanxes, torrades
¼ tassa de llavors de sèsam torrades
2 tasses de tires de wonton

Adreces

Prepareu un bany d'aigua i col·loqueu el Sous Vide-hi. Ajusti'l a 152 F.

Combineu el pollastre amb sal i pebre i poseu-lo en una bossa amb tancament al buit. Allibereu l'aire mitjançant el mètode de desplaçament d'aigua, segeu i submergiu la bossa al bany d'aigua. Cuini per 90 minuts.

Mentrestant, combineu la mel, la salsa de soja, la mantega de cacauet, l'oli de sèsam, l'oli vegetal, el vinagre i el pebre vermell. Revuelva fins que quedi suau. Deixeu refredar a la nevera.

Quan el temporitzador s'hagi aturat, traieu el pollastre i assequi'l amb una tovallola de cuina. Rebutgeu els sucs de cocció. Talla el pollastre a rodanxes petites i transfereix-lo a una enciamera. Afegeix l'enciam, les cebes tendres i les avellanes. Cobreixi amb el guarniment. Adorni amb llavors de sèsam i tires de wonton.

Dinar de pollastre amb pebre vermell

Temps de preparació + cocció: 1 hora i 15 minuts | Porcions: 2

Ingredients

1 pit de pollastre desossada, tallada per la meitat
Sal i pebre negre al gust
Pebre al gust
1 cullerada de pebre vermell
1 cullerada d'all en pols

Adreces

Prepareu un bany d'aigua i col·loqueu el Sous Vide-hi. Poseu a 149 F. Escorreu el pollastre i assequi'l amb una safata per enfornar. Assaoneu amb all en pols, pebre vermell, pebre i sal. Col·loqueu en una bossa segellable al buit. Alliberar aire mitjançant el mètode de desplaçament d'aigua, segellar i submergir al bany d'aigua. Cuini per 1 hora. Quan el temporitzador s'hagi aturat, traieu el pollastre i serveixi.

Estofat de pollastre al romaní

Temps de preparació + cocció: 4 hores 15 minuts Porcions: 2

Ingredients

2 cuixes de pollastre

6 dents d'all picats

¼ de culleradeta de pebre negre sencer

2 fulles de llorer

¼ tassa de salsa de soja fosca

¼ tassa de vinagre blanc

1 cullerada de romaní

Adreces

Prepareu un bany d'aigua i col·loqueu el Sous Vide-hi. Poseu a 165 F. Combineu les cuixes de pollastre amb tots els ingredients. Col·loqueu en una bossa segellable al buit. Alliberar aire mitjançant el mètode de desplaçament daigua, segellar i submergir en un bany daigua. Cuini per 4 hores.

Quan el temporitzador s'hagi aturat, traieu el pollastre, rebutgi les fulles de llorer i reservi els sucs de cocció. Escalfeu l'oli de canola en una paella a foc mitjà i daureu el pollastre. Afegiu els sucs de cocció i cuini fins que tingui la consistència desitjada. Filtreu la salsa i cobriu el pollastre.

Pollastre Cruixent amb Xampinyons

Temps de preparació + cocció: 1 hora i 15 minuts | Porcions: 4

Ingredients

4 pits de pollastre desossats
1 tassa de pa ratllat panko
1 lliura de xampinyons portobello a rodanxes
Petit manat de farigola
2 ous
Sal i pebre negre al gust
Oli de canola al gust

Adreces

Prepareu un bany d'aigua i col·loqueu el Sous Vide-hi. Ajusti'l a 149 F.

Col·loqueu el pollastre en una bossa amb tancament al buit. Condimentar amb sal i farigola. Alliberar aire mitjançant el mètode de desplaçament daigua, segellar i submergir en un bany daigua. Cuini per 60 minuts.

Mentrestant, escalfa una paella a foc mitjà. Cuina els xampinyons fins que s'evapori l'aigua. Afegiu 3-4 branquetes de farigola. Condimentar amb sal i pebre. Quan el temporitzador s'hagi aturat, traieu la bossa.

Escalfar una paella amb oli a foc mitjà. Barrejar el panko amb sal i pebre. Col·loqueu el pollastre en capes a la barreja per panko. Fregir durant 1-2 minuts per costat. Serveix amb xampinyons.

Plat de pollastre amb herbes i carbassó

Temps de preparació + cocció: 1 hora i 15 minuts | Porcions: 2

Ingredients

6 filet de pollastre

4 tasses de carbassa, picada i rostida

4 tasses de ruca

4 cullerades d'ametlles a rodanxes

Suc de 1 llimona

2 cullerades d'oli d'oliva

4 cullerades de ceba morada picada

1 cullerada de pebre vermell

1 cullerada de cúrcuma

1 cullerada de comí

Sal al gust

Adreces

Prepareu un bany d'aigua i col·loqueu el Sous Vide-hi. Ajusteu-lo a 138 F.

Col·loqueu el pollastre i tots els condiments en una bossa amb tancament al buit. Alliberar aire mitjançant el mètode de desplaçament daigua, segellar i submergir en un bany daigua. Cuini per 60 minuts.

Quan el temporitzador s'hagi aturat, traieu la bossa i transferiu el pollastre a una paella calenta. Daurar durant 1 minut per costat. En un bol, combineu els ingredients restants. Serveix el pollastre amb l'amanida.

Pollastre al coriandre amb salsa de mantega de cacauet

Temps de preparació + cocció: 1 hora i 40 minuts | Porcions: 2

Ingredients

4 pits de pollastre

1 bossa d'amanida mixta

1 manat de coriandre

2 cogombres

2 pastanagues

1 paquet d'embolcalls de wonton

Oli per fregir

¼ tassa de mantega de cacauet

Suc de 1 llima

2 cullerades de coriandre picat

3 alls

2 cullerades de gingebre fresc

½ tassa d'aigua

2 cullerades de vinagre blanc

1 cullerada de salsa de soja

1 culleradeta de salsa de peix

1 culleradeta d'oli de sèsam

3 cullerades d'oli de canola

Adreces

Prepareu un bany d'aigua i col·loqueu el Sous Vide-hi. Poseu a 149 F. Assaoneu el pollastre amb sal i pebre i poseu-lo en una bossa amb tancament al buit. Allibereu l'aire mitjançant el mètode de desplaçament d'aigua, segeu i submergiu la bossa al bany d'aigua. Cuini per 60 minuts. Picar el cogombre, el coriandre i les pastanagues i combinar amb l'amanida.

Escalfar una olla a 350 F. i omplir amb oli. Tallar els embolcalls de wonton a trossos i fregir fins que estiguin cruixents. En un processador d'aliments, poseu mantega de cacauet, suc de llima, gingebre fresc, coriandre, aigua, vinagre blanc, salsa de peix, salsa de soja, sèsam i oli de canola. Barregeu-ho fins que estigui suau.

Quan acabi el temporitzador, traieu el pollastre i transferiu-lo a una paella calenta. Daureu durant 30 segons per costat. Barregeu les tires de wonton amb l'amanida. Tallar el pollastre a rodanxes. Serveixi sobre l'amanida. Ruixeu amb el guarniment.

Estofat de pollastre i porros

Temps de preparació + cocció: 70 minuts Porcions: 4

Ingredients

6 pits de pollastre sense pell

Sal i pebre negre al gust

3 cullerades de mantega

1 porro gran, tallat transversalment

½ tassa de panko

2 cullerades de julivert picat

1 oz de formatge Copoundy Jack

1 cullerada d'oli d'oliva

Adreces

Prepareu un bany d'aigua i col·loqueu el Sous Vide-hi. Ajusti'l a 146 F.

Col·loqueu els pits de pollastre en una bossa amb tancament al buit. Condimentar amb sal i pebre. Alliberar aire mitjançant el mètode de desplaçament daigua, segellar i submergir en un bany daigua. Cuini per 45 minuts.

Mentrestant, escalfa una paella a foc alt amb mantega i cuina els porros. Condimentar amb sal i pebre. Barrejar bé. Abaixa el foc i deixa cuinar per 10 minuts.

Escalfa una paella a foc mitjà amb mantega i afegeix-hi el panko. Cuini fins que estiguin torrades. Transferiu a un bol i combineu amb formatge cheddar i julivert picat. Quan el temporitzador s'hagi aturat, traieu-vos els pits i assequeu-los. Escalfeu una paella a foc alt amb oli d'oliva i daureu el pollastre 1 minut per costat. Serveix sobre porros i decora amb la barreja per a panko.

Potes de pollastre a la mostassa

Temps de preparació + cocció: 2 hores 30 minuts Porcions: 4

Ingredients

4 cuixes de pollastre sencers

Sal i pebre negre al gust

2 cullerades d'oli d'oliva

2 escalunyes, a rodanxes fines

3 dents d'all, a rodanxes fines

½ tassa de vi blanc sec

1 tassa de brou de pollastre

¼ tassa de mostassa integral

1 tassa de crema mitjana i mitjana

1 culleradeta de cúrcuma

2 cullerades d'estragó fresc, picat

1 cullerada de farigola fresc picat

Adreces

Prepareu un bany d'aigua i col·loqueu el Sous Vide-hi. Poseu a 172 F. Assaoneu el pollastre amb sal i pebre. Escalfeu l'oli d'oliva en una paella a foc alt i daureu les cames de pollastre durant 5-7 minuts. Deixeu-ho de banda.

A la mateixa paella afegiu les escalunyes i l'all. Cuini per 5 minuts. Afegiu el vi blanc i cuini per 2 minuts fins que bombollegi. Traieu i aboqueu el brou de pollastre i la mostassa.

Combineu la salsa de mostassa amb el pollastre i poseu-lo en una bossa amb tancament al buit. Alliberar aire mitjançant el mètode de desplaçament daigua, segellar i submergir en un bany daigua. Cuini per 2 hores.

Quan el temporitzador s'hagi aturat, retira la bossa, reserva el pollastre i separa els líquids de cocció. En una cassola calenta posar els líquids de cocció i la nata i mitja. Cuini fins que bombollegi i s'evapori la meitat. Retirar del foc i combinar estragó, cúrcuma, farigola i cuixes de pollastre. Barrejar bé. Assaoneu-ho amb sal i pebre i serviu-ho.

Amanida de pollastre amb formatge i cigrons

Temps de preparació + cocció: 1 hora i 30 minuts | Porcions: 2

Ingredients

6 filets de pit de pollastre, desossats, sense pell

4 cullerades d'oli d'oliva

2 cullerades de salsa picant

1 culleradeta de comí mòlt

1 culleradeta de sucre morena clara

1 culleradeta de canyella en pols

Sal i pebre negre al gust

1 llauna de cigrons escorreguts

½ tassa de formatge feta esmicolat

½ tassa de formatge fresc esmicolat

½ tassa d'alfàbrega esmicolada

½ tassa de menta acabada de tallar

4 culleradetes de pinyons torrats

2 culleradetes de mel

2 culleradetes de suc de llimona recent espremuda

Adreces

Prepareu un bany d'aigua i col·loqueu el Sous Vide-hi. Poseu a 138 F. Col · loqueu els pits de pollastre, 2 cullerades d'oli d'oliva, salsa picant, sucre morena, comí i canyella en una bossa amb tancament al buit. Condimentar amb sal i pebre. Allibereu l'aire mitjançant el mètode de desplaçament d'aigua, segeu i submergiu la bossa al bany d'aigua. Cuini per 75 minuts.

Mentrestant, combineu en un bol els cigrons, l'alfàbrega, el formatge fresc, la menta i els pinyons. Aboqui la mel, el suc de llimona i 2 cullerades d'oli d'oliva. Condimentar amb sal i pebre. Quan el temporitzador s'hagi aturat, traieu el pollastre i talleu-lo a trossos. Rebutgeu els sucs de cocció. Torneu l'amanida i el pollastre, barregeu bé i serveixi.

Pollastre amb formatge en capes

Temps de preparació + cocció: 60 minuts Porcions: 2

Ingredients

2 pits de pollastre, desossats i sense pell

Sal i pebre negre al gust

2 culleradetes de mantega

4 tasses d'enciam

1 tomàquet gran, a rodanxes

1 unça de formatge cheddar, llescat

2 cullerades de ceba morada, tallada a glaçons

Fulles d'alfàbrega fresca

1 cullerada d'oli d'oliva

2 rodanxes de llimona per servir

Adreces

Prepareu un bany d'aigua i col·loqueu el Sous Vide-hi. Ajusti'l a 146 F.

Col · loqueu el pollastre en una bossa amb tancament al buit. Condimentar amb sal i pebre. Allibereu l'aire mitjançant el mètode de desplaçament d'aigua, segeu i submergiu la bossa al bany d'aigua. Cuini per 45 minuts.

Quan el temporitzador s'hagi aturat, traieu el pollastre i rebutgi els sucs de cocció. Escalfar una paella a foc alt amb mantega. Daureu el pollastre fins que es dauri. Transferiu a un plat per servir. Col · loqueu l'enciam entre el pollastre i cobreixi amb tomàquet, ceba morada, formatge cheddar i alfàbrega. Empolvoreu amb oli d'oliva, sal i pebre. Serveix amb rodanxes de llimona.

Pollastre a l'estil xinès

Temps de preparació + cocció: 1 hora i 35 minuts | Porcions: 6

Ingredients

1½ lliures de pits de pollastre, desossats i sense pell
¼ de tassa de cebes finament picades
2 cullerades de salsa Worcestershire
1 cullerada de mel
1 culleradeta d'oli de sèsam
1 gra d'all picat
¾ culleradeta de pols de cinc espècies xineses

Adreces

Prepareu un bany d'aigua i col·loqueu el Sous Vide-hi. Ajusti'l a 146 F.

Col · loqueu el pollastre, la ceba, la mel, la salsa Worcestershire, l'oli de sèsam, l'all i les cinc espècies en una bossa amb tancament al buit. Allibereu l'aire mitjançant el mètode de desplaçament d'aigua, segeu i submergiu la bossa al bany d'aigua. Cuini per 75 minuts. Escalfa una paella a foc mitjà. Quan el temporitzador s'hagi aturat, traieu la bossa i col·loqueu-la a la paella. Daurar durant 5 minuts fins que es daurin. Pica el pollastre a medallons.

Mandonguilles De Pollastre A l'Orégano

Temps de preparació + cocció: 2 hores 20 minuts Porcions: 4

Ingredients

1 lliura de pollastre mòlt

1 cullerada d'oli d'oliva

2 dents d'all picades

1 culleradeta d'orenga fresca, picada

Sal al gust

1 cullerada de comí

½ culleradeta de ratlladura de llimona

½ culleradeta de pebre negre

¼ tassa de pa ratllat panko

Rodanxes de llimona

Adreces

Prepareu un bany d'aigua i poseu Sous Vide en ell. Poseu a 146 F. Combineu en un bol el pollastre mòlt, l'all, l'oli d'oliva, l'orenga, la ratlladura de llimona, el comí, la sal i el pebre. Amb les mans, feu almenys 14 mandonguilles. Col·loca les mandonguilles en una bossa amb tanca al buit. Allibereu l'aire mitjançant el mètode de desplaçament d'aigua, segeu i submergiu la bossa al bany d'aigua. Cuini per 2 hores.

Quan el temporitzador s'hagi aturat, traieu la bossa i transferiu les mandonguilles a una safata per enfornar, folrada amb paper d'alumini. Escalfar una paella a foc mitjà i daurar les mandonguilles durant 7 minuts. Cobreixi amb rodanxes de llimona.

Gallina Cornualla Carregada amb Arròs i Baies

Temps de preparació + cocció: 4 hores i 40 minuts | Porcions: 2

Ingredients

2 gallines de caça de Cornualles senceres

4 cullerades de mantega més 1 cullerada extra

2 tasses de fongs shitake, a rodanxes fines

1 tassa de porros, finament picats

¼ tassa de nous, picades

1 cullerada de farigola fresc picat

1 tassa d'arròs salvatge cuit

¼ tassa de nabius secs

1 cullerada de mel

Adreces

Prepareu un bany d'aigua i col·loqueu el Sous Vide-hi. Ajusti'l a 149 F.

Calenta 4 cullerades de mantega en una paella a foc mitjà, una vegada fos agrega els xampinyons, la farigola, el porro i les nous. Cuini de 5 a 10 minuts. Posa l'arròs i els nabius. Retireu-ho del foc. Deixeu refredar durant 10 minuts. Omple les cavitats de les gallines amb la barreja. Lliga't les cames.

Col·loqueu les gallines en una bossa amb tancament al buit. Allibereu l'aire mitjançant el mètode de desplaçament de l'aigua, segelli i submergiu la bossa al bany. Cuini per 4 hores. Escalfa una paella a foc alt. En un bol, combineu la mel i 1 cullerada de mantega fosa. Aboqui sobre les gallines. Daurar les gallines durant 2 minuts i servir.

Pollastre Chessy enrotllat

Temps de preparació + cocció: 1 hora i 45 minuts | Porcions: 2

Ingredients

1 pit de pollastre
¼ tassa de formatge crema
¼ tassa de pebrot vermell rostit a juliana
½ tassa de ruca sense prémer
6 llesques de prosciutto
Sal i pebre negre al gust
1 cullerada d'oli

Adreces

Prepareu un bany d'aigua i poseu Sous Vide en ell. Posar a 155 F. Escórrer el pollastre i batre'l fins que quedi molt espès. Després talleu-lo per la meitat i assaoneu amb sal i pebre. Unteu 2 cullerades de formatge crema i afegiu pebrot vermell rostit i ruca a sobre.

Enrotlli els pits com sushi i posi 3 capes de prosciutto i enrotlli els pits. Col·loqueu en una bossa segellable al buit. Alliberar aire mitjançant el mètode de desplaçament daigua, segellar i submergir en un bany daigua. Cuini per 90 minuts. Quan el temporitzador s'hagi aturat, treu el pollastre de la bossa i daura'l. Tallar a rodanxes petites i servir.

Amanida de pollastre i pèsols a la menta

Temps de preparació + cocció: 1 hora i 30 minuts | Porcions: 2

Ingredients

6 filets de pit de pollastre, desossats

4 cullerades d'oli d'oliva

Sal i pebre negre al gust

2 tasses de pèsols, blanquejats

1 tassa de menta acabada de tallar

½ tassa de formatge fresc esmicolat

1 cullerada de suc de llimona recent espremuda

2 culleradetes de mel

2 culleradetes de vinagre de vi negre

Adreces

Prepareu un bany d'aigua i col·loqueu el Sous Vide-hi. Ajusteu-lo a 138 F.

Col·loqueu el pollastre amb oli d'oliva en una bossa amb tancament al buit. Condimentar amb sal i pebre. Allibereu l'aire mitjançant el mètode de desplaçament d'aigua, segeu i submergiu la bossa al bany d'aigua. Cuini per 75 minuts.

En un bol, combineu els pèsols, el formatge fresc i la menta. Barregeu els sucs de llimona, el vinagre de vi negre, la mel i 2 cullerades d'oli d'oliva. Condimentar amb sal i pebre.

Un cop llest, traieu el pollastre i talleu-lo a trossos. Rebutgeu els líquids de cocció. Atendre.

Pollastre a les Herbes amb Salsa de Crema de Xampinyons

Temps de preparació + cocció: 4 hores 15 minuts Porcions: 2

Ingredients

Per a pollastre

2 pits de pollastre desossats i sense pell

Sal al gust

1 cullerada d'anet

1 cullerada de cúrcuma

1 culleradeta d'oli vegetal

Per a la salsa

3 escalunyes picades

2 dents d'all picades

1 culleradeta d'oli d'oliva

2 cullerades de mantega

1 tassa de xampinyons a rodanxes

2 cullerades de vi de Porto

½ tassa de brou de pollastre

1 tassa de formatge de cabra

¼ de culleradeta de pebre negre mòlt

Adreces

Prepareu un bany d'aigua i col·loqueu el Sous Vide-hi. Poseu a 138 F. Col·loqueu el pollastre condimentat amb sal i pebre en una bossa amb tancament al buit. Allibereu l'aire mitjançant el mètode de desplaçament d'aigua, segeu i submergiu la bossa al bany d'aigua. Cuini per 4 hores.

Quan el temporitzador s'hagi aturat, traieu la bossa i transferiu-la a un bany de gel. Deixar refredar i assecar. Deixeu-ho de banda. Escalfeu l'oli en una paella a foc alt, afegiu les escalunyes i cuini per 2-3 minuts. Poseu mantega, anet, cúrcuma i all, cuini per 1 minut més. Afegiu els xampinyons, el vi i el brou. Cuini per 2 minuts, després aboqui la crema. Continua cuinant fins que la salsa espesseixi. Condimentar amb sal i pebre. Escalfeu una graella fins que estigui fumat. Unteu el pollastre amb oli i daureu durant 1 minut per cada costat. Cobriu amb la salsa.

Pollastre fregit cruixent

Temps de preparació + cocció: 2 hores | Porcions: 4

Ingredients

8 cuixes de pollastre

Sal i pebre negre al gust

<u>Per barreja humida</u>

2 tasses de llet de soja

1 cullerada de suc de llimona

<u>Per barreja seca</u>

1 tassa de farina

1 tassa de farina d'arròs

½ tassa de maicena

2 cullerades de pebre vermell

1 cullerada de gingebre

Sal i pebre negre al gust

Adreces

Prepareu un bany d'aigua i col·loqueu el Sous Vide-hi. Poseu a 154 F. Col·loqueu el pollastre assaonat amb pebre i sal en una bossa amb tancament al buit. Alliberar aire mitjançant el mètode de desplaçament daigua, segellar i submergir en un bany daigua. Cuini per 1 hora.

Quan el temporitzador s'hagi aturat, traieu la bossa. Deixeu refredar durant 15 minuts. Escalfeu una paella amb oli a 400-425 F. En un bol, combineu la llet de soja i el suc de llimona per obtenir la barreja humida. En un altre bol, bateu la farina proteica, la farina d'arròs, la maicena, el gingebre, el pebre vermell, la sal i el pebre mòlt per obtenir la barreja seca.

Remulleu el pollastre a la barreja seca i després a la barreja humida. Repetiu 2-3 vegades més. Col·loqueu en una reixeta per coure. Repeteix el procés fins acabar el pollastre. Fregiu el pollastre durant 3-4 minuts. Reserveu-ho, deixeu-ho refredar durant 10-15 minuts. Cobreixi amb rodanxes de llimona i salsa.

Amanida de Pollastre Verd amb Ametlles

Temps de preparació i cocció: 95 minuts | Porcions: 2

Ingredients

2 pits de pollastre sense pell

Sal i pebre negre al gust

1 tassa d'ametlles

1 cullerada d'oli d'oliva

2 cullerades de sucre

4 xilis vermells, a rodanxes fines

1 gra d'all pelat

3 cullerades de salsa de peix

2 culleradetes de suc de llimona recent espremuda

1 tassa de coriandre picat

1 cebollí, a rodanxes fines

1 tija de llimoneta, només la part blanca, a rodanxes

1 peça de gingebre de 2 polzades, a juliana

Adreces

Prepareu un bany d'aigua i col·loqueu el Sous Vide-hi. Poseu a 138 F. Col·loqueu el pollastre condimentat amb sal i pebre en una bossa amb tancament al buit. Allibereu l'aire mitjançant el mètode de desplaçament d'aigua, segeu i submergiu la bossa al bany d'aigua. Cuini per 75 minuts.

Després de 60 minuts, escalfeu l'oli d'oliva en una cassola a 350 F. Torrar les ametlles durant 1 minut fins que s'assequin. Bateu el sucre, l'all i el Xile. Aboqui la salsa de peix i el suc de llimona.

Un cop llest, treu la bossa i deixa refredar. Talla el pollastre a trossos i col·loca'l en un bol. Aboqui el guarniment i barregi bé. Afegeix el coriandre, el gingebre, la llimoneta i les ametlles fregides. Adorni amb xile i serveixi.

Pollastre amb coco lletós

Temps de preparació i cocció: 75 minuts | Porcions: 2

Ingredients

2 pits de pollastre
4 cullerades de llet de coco
Sal i pebre negre al gust

Per a la salsa

4 cullerades de salsa satay
2 cullerades de llet de coco
Un pessic de salsa tamari

Adreces

Prepareu un bany d'aigua i col·loqueu el Sous Vide-hi. Ajusteu-lo a 138 F.

Col·loqueu el pollastre en una bossa amb tancament al buit i assaoneu amb sal i pebre. Afegeix 4 cullerades de llet. Allibereu l'aire mitjançant el mètode de desplaçament d'aigua, segeu i submergiu la bossa al bany d'aigua. Cuini per 60 minuts.

Quan el temporitzador s'hagi aturat, traieu la bossa. Combineu els ingredients de la salsa i cuini al microones durant 30 segons. Tallar el pollastre a rodanxes. Servir en un plat i glacejar amb la salsa.

Plat de pollastre i cansalada estil romà

Temps de preparació + cocció: 1 hora i 40 minuts | Porcions: 4

Ingredients

4 pits de pollastre petits, desossats i sense pell
8 fulles de sàlvia
4 peces de cansalada a rodanxes fines
Pebre negre al gust
1 cullerada d'oli d'oliva
2 oz de formatge fontina ratllat

Adreces

Prepareu un bany d'aigua i col·loqueu el Sous Vide-hi. Poseu a 146 F. Assaoneu el pollastre amb sal i pebre. Cobreixi amb 2 fulles de sàlvia i 1 llesca de cansalada. Col·loca'ls en una bossa amb tancament al buit. Allibereu l'aire mitjançant el mètode de desplaçament d'aigua, segeu i submergiu la bossa al bany d'aigua. Cuini per 90 minuts.

Quan el temporitzador s'hagi aturat, traieu la bossa i assequi. Escalfeu l'oli en una paella a foc alt i daureu el pollastre durant

1 minut. Voltegeu el pollastre i cobreixi amb 1 cullerada de formatge fontina. Cobreix la paella i deixa que el formatge es fongui. Serveix en una safata el pollastre i decora amb fulles de sàlvia.

Amanida de tomàquets cherry, alvocat i pollastre

Temps de preparació + cocció: 1 hora i 30 minuts | Porcions: 2

Ingredients

1 pit de pollastre

1 alvocat a rodanxes

10 peces de tomàquets cherry tallats per la meitat

2 tasses d'enciam picat

2 cullerades d'oli d'oliva

1 cullerada de suc de llima

1 gra d'all picat

Sal i pebre negre al gust

2 culleradetes de xarop d'auró

Adreces

Prepareu un bany d'aigua i col·loqueu el Sous Vide-hi. Poseu a 138 F. Col·loqueu el pollastre en una bossa segellable al buit. Condimentar amb sal i pebre. Allibereu l'aire mitjançant el mètode de desplaçament d'aigua, segeu i submergiu la bossa al bany d'aigua. Cuini per 75 minuts.

Quan el temporitzador s'hagi aturat, traieu el pollastre. Escalfeu l'oli en una paella a foc mitjà. Daureu els pits durant 30 segons i talleu-los a rodanxes. En un bol, combineu l'all, el suc de llima, el xarop d'auró i l'oli d'oliva. Afegiu enciam, tomàquets cherry i alvocat. Barrejar bé. Serveixi l'amanida i cobreixi-ho amb pollastre.

Pollastre al Xile

Temps de preparació + cocció: 2 hores 15 minuts Porcions: 2

Ingredients

4 cuixes de pollastre

2 cullerades d'oli d'oliva

Sal i pebre negre al gust

1 gra d'all picat

3 cullerades de salsa de peix

¼ de tassa de suc de llima

1 cullerada de sucre

3 cullerades d'alfàbrega picada

3 cullerades de coriandre picat

2 xilis vermells (sense llavors), picats

1 cullerada de salsa de Xile dolç

1 cullerada de salsa de Xile verd

Adreces

Prepareu un bany d'aigua i col·loqueu el Sous Vide-hi. Poseu a 149 F. Enrotlli el pollastre en film transparent i deixeu-lo refredar. Col · locar en una bossa segellable al buit amb oli d'oliva, sal i pebre. Allibereu l'aire mitjançant el mètode de desplaçament d'aigua, segeu i submergiu la bossa al bany d'aigua. Cuini per 2 hores.

Quan el temporitzador s'hagi aturat, traieu el pollastre i talleu-lo en 4-5 trossos. Escalfeu l'oli vegetal en una paella a foc mitjà i daureu fins que estigui cruixent. En un bol, combineu tots els ingredients del guarniment i reserveu. Serveix el pollastre, assaona amb sal i cobreix amb el guarniment.

Aletes de pollastre amb gust de mel

Temps de preparació i cocció: 135 minuts | Porcions: 2

Ingredients

¾ culleradeta de salsa de soja

¾ culleradeta de vi d'arròs

¾ culleradeta de mel

¼ de culleradeta de cinc espècies

6 aletes de pollastre

½ polzada de gingebre fresc

Maça mòlta de ½ polzada

1 gra d'all picat

Cebolletes a rodanxes per servir

Adreces

Prepareu un bany d'aigua i col·loqueu el Sous Vide-hi. Ajusti'l a 160 F.

En un bol, combineu la salsa de soja, el vi d'arròs, la mel i les cinc espècies. Col·loqueu les aletes de pollastre i l'all en una bossa amb tancament al buit. Allibereu l'aire mitjançant el mètode de desplaçament d'aigua, segeu i submergiu la bossa al bany d'aigua. Cuini per 2 hores.

Quan el temporitzador s'hagi aturat, traieu les ales i transferiu-les a una safata per enfornar. Fornegeu al forn durant 5 minuts a 380 F. Serveixi en una safata i decoreu amb cebes tendres a rodanxes.

Pollastre al curri verd amb i fideus

Temps de preparació + cocció: 3 hores Porcions: 2

Ingredients

1 pit de pollastre, desossada i sense pell

Sal i pebre negre al gust

1 llauna (13,5 oz) de llet de coco

2 cullerades de pasta de curri verd

1¾ tasses de brou de pollastre

1 tassa de fongs xiitake

5 fulles de llima kaffir, partides per la meitat

2 cullerades de salsa de peix

1½ cullerada de sucre

½ tassa de fulles d'alfàbrega tailandesa, picades

2 unces de nius de fideus d'ou cuits

1 tassa de coriandre, picat

1 tassa de brots de soja

2 cullerades de fideus fregits

2 xilis vermells, picats

Adreces

Prepareu un bany d'aigua i col·loqueu el Sous Vide-hi. Poseu a 138 F. Assaoneu el pollastre amb sal i pebre. Col·loqueu-lo en una bossa segellable al buit. Allibereu l'aire mitjançant el mètode de desplaçament d'aigua, segeu i submergiu la bossa al bany d'aigua. Cuini per 90 minuts.

Passats els 35 minuts, escalfa una cassola a foc mitjà i afegeix la pasta de curri verd i la meitat de la llet de coco. Cuini durant 5-10 minuts fins que la llet de coco comenci a espessir-se. Afegeix-hi el brou de pollastre i la resta de la llet de coco. Cuini per 15 minuts.

Abaixeu el foc i afegiu fulles de llima kaffir, fongs xiitake, sucre i salsa de peix. Cuini per almenys 10 minuts. Retireu-ho del foc i afegiu-hi l'alfàbrega.

Quan el temporitzador s'hagi aturat, traieu la bossa i deixeu refredar durant 5 minuts, després talla'l a rodanxes petites. Serveix en un plat fondo la salsa de curri, els fideus cuits i el pollastre. Cobreixi amb brots de soja, coriandre, chiles i fideus fregits.

Mini entrepans de pollastre al pesto amb alvocat

Temps de preparació + cocció: 1 hora i 40 minuts | Porcions: 2

Ingredients

1 pit de pollastre, desossada, sense pell, en papallona

Sal i pebre negre al gust

1 cullerada de sàlvia

3 cullerades d'oli d'oliva

1 cullerada de pesto

1 carbassó, a rodanxes

1 alvocat

1 tassa de fulles fresques d'alfàbrega

Adreces

Prepareu un bany d'aigua i col·loqueu el Sous Vide-hi. Ajusteu-lo a 138 F.

Colpegeu el pit de pollastre fins que quedi fina. Condimentar amb sàlvia, pebre i sal. Col·loqueu en una bossa segellable al buit. Afegeix-hi 1 cullerada d'oli i pesto. Allibereu l'aire mitjançant el mètode de desplaçament d'aigua, segeu i submergiu la bossa al bany d'aigua. Cuini per 75 minuts. Després de 60 minuts, calenta 1 cullerada doli doliva en una paella a foc alt, afegiu el carbassó i ¼ de tassa daigua. Cuini fins que l'aigua s'hagi evaporat. Quan el temporitzador s'hagi aturat, traieu el pollastre.

Escalfeu l'oli d'oliva restant en una paella a foc mitjà i daureu el pollastre durant 2 minuts per costat. Reservar i deixar refredar. Talla el pollastre a rodanxes petites com el carbassó. Talla també l'alvocat. Serveix el pollastre amb rodanxes d'alvocat per sobre. Adorni amb rodanxes de carbassó i alfàbrega.

Boles de pollastre amb formatge

Temps de preparació + cocció: 1 hora i 15 minuts | Porcions: 6

Ingredients

1 lliura de pollastre mòlt

2 cullerades de ceba finament picada

¼ de culleradeta d'all en pols

Sal i pebre negre al gust

2 cullerades de pa ratllat

1 ou

32 cubs petits de formatge mozzarella tallats a glaçons

1 cullerada de mantega

3 cullerades de panko

½ tassa de salsa de tomàquet

½ oz de formatge Pecorí Romà ratllat

Julivert picat

Adreces

Prepareu un bany d'aigua i col·loqueu el Sous Vide-hi. Poseu a 146 F. En un bol, barregi el pollastre, la ceba, la sal, l'all en pols, el pebre i el pa ratllat assaonat. Afegiu l'ou i combineu bé.

Formeu 32 boletes mitjanes i empleneu-les amb un cub de formatge, assegureu-vos que la barreja cobreixi bé el formatge.

Col · loqueu les boles en una bossa amb tancament al buit i deixeu-les refredar durant 20 minuts. Després, allibereu aire mitjançant el mètode de desplaçament d'aigua, segelli i submergeixi la bossa al bany d'aigua. Cuini per 45 minuts.

Quan el cronòmetre s'hagi aturat, traieu les boles. Fondre la mantega en una paella a foc alt i afegiu panko. Cuini fins que estiguin torrades. Cuini també la salsa de tomàquet. En un plat de servir col · locar les boles i glacejar amb la salsa de tomàquet. Cobreixi amb el panko i el formatge. Adorni amb julivert.

Hamburgueses de gall dindi amb formatge

Temps de preparació + cocció: 1 hora i 45 minuts | Porcions: 6

Ingredients

6 culleradetes d'oli d'oliva

1½ lliures de gall dindi mòlt

16 galetes de crema, triturades

2½ cullerades de julivert fresc picat

2 cullerades d'alfàbrega fresca picada

½ cullerada de salsa Worcestershire

½ cullerada de salsa de soja

½ culleradeta d'all en pols

1 ou

6 brioixos torrats

6 rodanxes de tomàquet

6 fulles d'enciam roman

6 llesques de formatge Monterey Jack

Adreces

Prepareu un bany d'aigua i col·loqueu el Sous Vide-hi. Poseu a 148 F. Combineu el gall dindi, les galetes, el julivert, l'alfàbrega, la salsa de soja i l'all en pols. Afegeix-hi l'ou i barreja-ho amb les mans.

En una safata per enfornar amb cera de pebre, amb la barreja crea 6 empanades i col·loca-les. Tapar i traslladar al frigorífic.

Traieu les hamburgueses de la nevera i col·loqueu-les en tres bosses segellables al buit. Allibereu l'aire mitjançant el mètode de desplaçament d'aigua, segelli i submergiu les bosses al bany d'aigua. Cuini per 1 hora i 15 minuts.

Quan el temporitzador s'hagi aturat, traieu les hamburgueses. Rebutgeu els sucs de cocció.

Escalfeu l'oli d'oliva en una paella a foc alt i poseu les hamburgueses. Daureu durant 45 segons per costat. Col·loqueu les empanades sobre els brioixos torrats. Cobreixi amb tomàquet, enciam i formatge. Atendre.

Pavo farcit de cansalada i nous embolicat amb pernil

Temps de preparació i cocció: 3 hores 45 minuts | Porcions: 6

Ingredients

1 ceba blanca picada

3 cullerades de mantega

1 tassa de cansalada en galledes

4 cullerades de pinyons

2 cullerades de farigola picada

4 dents d'all picades

Ratlladura de 2 llimones

4 cullerades de julivert picat

¾ tassa de pa ratllat

1 ou batut

4 lliures de pit de gall dindi desossada, en papallona

Sal i pebre negre al gust

16 talls de pernil

Adreces

Prepareu un bany d'aigua i col·loqueu el Sous Vide-hi. Ajusti'l a 146 F.

Escalfeu 2 cullerades de mantega en una paella a foc mitjà i salteu la ceba durant 10 minuts fins que s'estovi. Deixeu-ho de banda. A la mateixa paella, afegiu la cansalada i cuini per 5 minuts fins que es dauri. Afegiu els pinyons, la farigola, l'all i la ratlladura de llimona i cuini per 2 minuts més. Afegiu el julivert i barregi. Torneu la ceba a la paella, afegiu el pa ratllat i l'ou.

Treu el gall dindi i cobreix-lo amb paper film. Amb un martell per a carn, colpegeu-lo fins que quedi gruixut. Col·loqueu el pernil en paper d'alumini. Posa el gall dindi sobre el pernil i aixafa el centre per crear una tira. Enrotlleu el gall dindi fermament d'una banda a l'altra fins que estigui completament embolicat. Cobriu amb paper film i col·loqueu-lo en una bossa segellable al buit. Allibereu l'aire mitjançant el mètode de desplaçament d'aigua, segeu i submergiu la bossa al bany d'aigua. Cuini per 3 hores.

Quan el temporitzador s'hagi aturat, traieu el gall dindi i rebutgi el plàstic. Escalfar la mantega restant en una paella a foc mitjà i posar el pit. Daureu el pernil durant 45 segons per costat. Enrotlli el gall dindi i daure'l durant 2-3 minuts més. Talla el pit a medallons i serveix-la.

Rotlles de truita d'amanida Cèsar amb gall dindi

Temps de preparació + cocció: 1 hora i 40 minuts | Porcions: 4

Ingredients

2 dents d'all picades
2 pits de gall dindi desossats i sense pell
Sal i pebre negre al gust
1 tassa de maionesa
2 cullerades de suc de llimona recent espremuda
1 culleradeta de pasta d'anxoves
1 culleradeta de mostassa de Dijon
1 culleradeta de salsa de soja
4 tasses d'enciam iceberg
4 truites

Adreces

Prepareu un bany d'aigua i col·loqueu el Sous Vide-hi. Poseu a 152 F. Assaoneu el pit de gall dindi amb sal i pebre i poseu-la en una bossa amb tancament al buit. Allibereu l'aire mitjançant el mètode de desplaçament d'aïgua, segeu i submergiu la bossa al bany d'aigua. Cuini per 1 hora i 30 minuts.

Combineu la maionesa, l'all, el suc de llimona, la pasta d'anxoves, la mostassa, la salsa de soja i la resta de la sal i el pebre. Deixeu reposar a la nevera. Quan el temporitzador s'hagi aturat, traieu el gall dindi i assequeu-lo. Talla el gall dindi a rodanxes. Barrejar l'enciam amb el guarniment fred. Aboqui una quarta part de la barreja de gall dindi a cada truita i doble. Tallar per la meitat i servir amb el guarniment.

Rotlle de sàlvia de gall dindi

Temps de preparació + cocció: 5 hores 15 minuts Porcions: 6

Ingredients:

3 cullerades d'oli d'oliva

2 cebes grogues petites, tallades a glaçons

2 tiges d'api, tallades a glaçons

3 cullerades de sàlvia mòlta

2 closca i suc de llimones

3 tasses de barreja per farciment de gall dindi

2 tasses de brou de gall dindi o pollastre

5 lliures de pit de gall dindi a la meitat

Adreces:

Col·loqueu una paella a foc mitjà, afegiu oli d'oliva, ceba i api. Salta-ho per 2 minuts. Afegiu el suc de llimona, la ratlladura i la sàlvia fins que el suc de llimona es redueixi.

En un bol, aboca la barreja de farciment i afegeix la barreja de sàlvia cuita. Barrejar amb les mans. Afegiu el brou, mentre barreja amb la mà fins que els ingredients es mantinguin bé junts i no estiguin líquids. Traieu amb cura la pell del gall dindi i col·loqueu-lo sobre un embolcall de plàstic. Traieu els ossos i llenceu-lo.

Col·loqueu el pit de gall dindi sobre la pell i poseu una segona capa d'embolcall de plàstic sobre el pit de gall dindi. Aplaneu-lo a 1 polzada de gruix amb un corró. Traieu l'embolcall de plàstic a la part superior i esteneu el farciment sobre el gall dindi aplanat, deixant un espai de ½ polzada al voltant de les vores.

Començant pel costat estret, enrotlli el gall dindi com un rotllo de massa i cobreixi el gall dindi amb la pell extra. Assegureu-vos el rotlle amb fil de carnisser. Emboliqui el rotllo de gall dindi a l'embolcall de plàstic més ampla i gireu els extrems per assegurar el rotlle, que ha de formar un cilindre apretat.

Col·loqueu el rotlle en una bossa segellable al buit, allibereu l'aire i segelli la bossa. Refrigeri per 40 minuts. Feu un bany d'aigua, col·loqueu Sous Videu-hi i ajusteu a 155 F. Col·loqueu el rotllo de gall dindi al bany d'aigua i programeu el temporitzador durant 4 hores.

Quan el temporitzador s'hagi aturat, traieu la bossa i obriu-la. Preescalfeu un forn a 400 F, traieu l'embolcall de plàstic del gall dindi i poseu-lo en una plata per enfornar amb la pell cap amunt. Rosteix durant 15 minuts. Tallar a rodanxes. Serveixi amb una salsa cremosa i verdures baixes en carbohidrats al vapor.

Pit de gall dindi amb farigola

Temps de preparació + cocció: 3 hores 15 minuts Porcions: 6

Ingredients

1 meitat de pit de gall dindi, desossada i amb pell

1 cullerada d'oli d'oliva

1 cullerada de sal d'all

1 cullerada de farigola

1 culleradeta de pebre negre

Adreces

Prepareu un bany d'aigua i col·loqueu el Sous Vide-hi. Ajusti'l a 146 F.

Combineu el pit de gall dindi, l'all, la farigola, la sal i el pebre. Col·loqueu-lo en una bossa segellable al buit. Allibereu l'aire mitjançant el mètode de desplaçament d'aigua, segeu i submergiu la bossa al bany d'aigua. Cuini per 4 hores.

Quan el temporitzador s'hagi aturat, traieu la bossa i assequi amb una safata per enfornar. Escalfeu una paella de ferro a foc alt i daureu durant 5 minuts fins que estiguin daurades.

Hamburgueses de mandonguilles de gall dindi al pesto

Temps de preparació + cocció: 80 minuts Porcions: 4

Ingredients

1 lliura de gall dindi mòlt
3 cebes tendres, finament picades
1 ou gran, batut
1 cullerada de pa ratllat
1 culleradeta d'orenga seca
1 cullerada de farigola
Sal i pebre negre al gust
½ tassa de pesto (més 2 culleradetes extra)
2 oz de formatge mozzarella, tallat a trossos
4 pastes grans d'hamburguesa

Adreces

Prepareu un bany d'aigua i col·loqueu el Sous Vide-hi. Poseu a 146 F. En un bol, combineu el gall dindi, l'ou, el pa ratllat, les cebes tendres, la farigola i l'orenga. Condimentar amb sal i pebre. Barrejar bé. Feu almenys 8 boles i feu un forat al mig amb el polze. Ompliu cadascun amb 1/4 cullerada de pesto i

1/4 oz de formatge mozzarella. Assegureu-vos que la carn cobreixi el farcit.

Col·loqueu-lo en una bossa segellable al buit. Allibereu l'aire mitjançant el mètode de desplaçament d'aigua, segeu i submergiu la bossa al bany d'aigua. Cuini per 60 minuts. Quan el temporitzador s'hagi aturat, traieu les boles i assequi amb una safata per enfornar. Escalfa una paella a foc mitjà i cuina 1/2 tassa de pesto. Afegiu les mandonguilles i barregi bé. Col·loqueu a cada pa d'hamburguesa 2 mandonguilles.

Pit de Pavo Amb Nous

Temps de preparació + cocció: 2 hores 15 minuts Porcions: 6

Ingredients:

2 lliures de pit de gall dindi, a rodanxes fines
1 cullerada de ratlladura de llimona
1 tassa de nous, finament picades
1 cullerada de farigola finament picat
2 dents d'all picats
2 cullerades de julivert fresc, finament picat
3 tasses de brou de pollastre
3 cullerades d'oli d'oliva

Adreces:

Esbandiu la carn amb aigua corrent freda i escorriu en un colador. Fregueu amb ratlladura de llimona i transferiu a una bossa gran amb tancament al buit juntament amb el brou de pollastre. Cuini a Sous Vide durant 2 hores a 149 ° F. Retirar del bany Maria i reservar.

Escalfeu l'oli d'oliva en una paella mitjana i afegiu l'all, les nous pecanes i la farigola. Remeneu bé i cuini durant 4-5 minuts.

Finalment, afegiu el pit de pollastre a la paella i daureu breument per ambdós costats. Serviu-ho immediatament.

Plat de gall dindi amb espècies

Temps de preparació i cocció: 14 hores 15 minuts | Porcions: 4

Ingredients

1 cama de gall dindi

1 cullerada d'oli d'oliva

1 cullerada de sal d'all

1 culleradeta de pebre negre

3 branquetes de farigola

1 cullerada de romaní

Adreces

Prepareu un bany d'aigua i col·loqueu el Sous Vide-hi. Poseu a 146 F. Assaoneu el gall dindi amb all, sal i pebre. Col·loqueu-lo en una bossa segellable al buit.

Allibereu l'aire mitjançant el mètode de desplaçament de l'aigua, segelli i submergiu la bossa al bany. Cuini per 14 hores. Un cop fet això, traieu les cames i assequi.

Pavo a Salsa de Taronja

Temps de preparació i cocció: 75 minuts | Porcions: 2

Ingredients:

1 lliura de pits de gall dindi, sense pell i desossats
1 cullerada de mantega
3 cullerades de suc de taronja natural
½ tassa de brou de pollastre
1 culleradeta de pebre de Caiena
Sal i pebre negre al gust

Adreces:

Esbandiu els pits de gall dindi amb aigua corrent freda i assequeu-los. Deixeu-ho de banda.

En un bol mitjà, combineu el suc de taronja, el brou de pollastre, el pebre de Caiena, la sal i el pebre. Barrejar bé i col·locar la carn en aquesta marinada. Refrigeri per 20 minuts.

Ara, poseu la carn juntament amb la marinada en una bossa gran amb tancament al buit i cuini a Sous Vide durant 40 minuts a 122 F.

En una cassola antiadherent mitjana, fon la mantega a temperatura alta. Traieu la carn de la bossa i afegiu a la cassola. Fregir durant 2 minuts i retirar del foc.

Potes de gall dindi amb farigola i romaní

Temps de preparació + cocció: 8 hores i 30 minuts | Porcions: 4

Ingredients

5 culleradetes de mantega fosa
10 dents d'all picades
2 cullerades de romaní sec
1 cullerada de comí
1 cullerada de farigola
2 cuixes de gall dindi

Adreces

Prepareu un bany d'aigua i col·loqueu el Sous Vide-hi. Ajusteu-lo a 134 F.

Combineu l'all, el romaní, el comí, la farigola i la mantega. Fregueu el gall dindi amb la barreja.

Col·loqueu el gall dindi en una bossa amb tancament al buit. Allibereu l'aire mitjançant el mètode de desplaçament d'aigua, segeu i submergiu la bossa al bany d'aigua. Cuini per 8 hores.

Quan el temporitzador s'hagi aturat, traieu el gall dindi. Reserva els sucs de cocció. Escalfar una graella a foc alt i posar el gall dindi. Empolvora amb els sucs de cocció. Donar la volta i escampar-hi més sucs. Reservar i deixar refredar. Atendre.

Pit de Pavo amb Clau

Temps de preparació + cocció: 1 hora i 45 minuts | Porcions: 6

Ingredients:

2 lliures de pit de gall dindi, a rodanxes
2 dents d'all picades
1 tassa d'oli d'oliva
2 cullerades de mostassa de Dijon
2 cullerades de suc de llimona
1 culleradeta de romaní fresc, finament picat
1 culleradeta de clau d'olor picada
Sal i pebre negre al gust

Adreces:

En un bol gran, combineu l'oli d'oliva amb mostassa, suc de llimona, all, romaní, clau, sal i pebre. Barregeu fins que estigui ben incorporat i afegiu les rodanxes de gall dindi. Remullar i refrigerar durant 30 minuts abans de cuinar.

Retirar de la nevera i transferir a 2 bosses segellables al buit. Segelli les bosses i cuini al Sous Vide durant una hora a 149 F. Retirar del bany Maria i servir.

Pit De Pavo Al Anet I Romero

Temps de preparació + cocció: 1 hora i 50 minuts | Porcions: 2

Ingredients

1 lliura de pits de gall dindi desossats

Sal i pebre negre al gust

3 branquetes d'anet fresc

1 branqueta de romaní fresc, picat

1 full de llorer

Adreces

Prepareu un bany d'aigua i col·loqueu el Sous Vide-hi. Ajusti'l a 146 F.

Escalfar una paella a foc mitjà, posar el gall dindi i daurar per 5 minuts. Reserva el greix. Assaoneu el gall dindi amb sal i pebre. Col·loqueu el gall dindi, l'anet, el romaní, la fulla de llorer i el greix reservat en una bossa amb tancament al buit. Allibereu l'aire mitjançant el mètode de desplaçament d'aigua, segeu i submergiu la bossa al bany d'aigua. Cuini per 1 hora i 30 minuts.

Escalfa una paella a foc alt. Quan el temporitzador s'hagi aturat, traieu el gall dindi i transferiu-lo a la paella. Assequi durant 5 minuts.

Ànec Dolç Rostit

Temps de preparació i cocció: 3 hores 55 minuts | Porcions: 4

Ingredients

6 oz de pit d'ànec desossada
¼ de culleradeta de canyella
¼ de culleradeta de pebre vermell fumat
¼ de culleradeta de pebre de caiena
1 cullerada de farigola
1 culleradeta de mel
Sal i pebre negre al gust

Adreces

Prepareu un bany d'aigua i col·loqueu el Sous Vide-hi. Poseu a 134 F. Assequi el pit d'ànec amb una safata per enfornar i retiri la pell, aneu amb compte de no tallar la carn. Condimentar amb sal.

Escalfar una paella a foc alt. Daureu l'ànec durant 3-4 minuts. Retira-ho i reserva-ho.

En un bol, combineu el pebre vermell, la farigola, el pebre de caiena i la canyella, barregi bé. Marina el pit d'ànec amb la barreja. Col·loqueu en una bossa segellable al buit. Afegeix 1 cullerada de mel. Allibereu l'aire mitjançant el mètode de desplaçament d'aigua, segeu i submergiu la bossa al bany d'aigua. Cuini per 3 hores i 30 minuts.

Quan el temporitzador s'hagi aturat, traieu la bossa i assequi. Escalfeu una paella a foc alt i daureu l'ànec durant 2 minuts. Dóna la volta i cuina per 30 segons més. Deixeu refredar i serveixi.

Pit d'ànec amb farigola t

Temps de preparació + cocció: 2 hores 10 minuts Porcions: 3

Ingredients:

3 (6 oz) de pit d'ànec, amb pell
3 culleradetes de fulles de farigola
2 culleradetes d'oli d'oliva
Sal i pebre negre al gust

Ingredients:

Fer tires transversals sobre els pits i sense tallar la carn. Assaoneu la pell amb sal i el costat de la carn amb farigola, pebre i sal. Col·loqueu els pits d'ànec en 3 bosses segellables al buit separades. Allibereu l'aire i segelli les bosses. Refrigeri per 1 hora.

Feu un bany d'aigua, poseu Sous Vide en ell i ajust a 135 F. Traieu les bosses de la nevera i submergiu-les al bany d'aigua. Configureu el temporitzador per 1 hora.

Quan el temporitzador s'hagi aturat, traieu i obriu les bosses. Poseu una paella a foc mitjà, afegiu oli d'oliva. Quan s'hagi escalfat, afegiu l'ànec i daureu fins que la pell es torni i la carn estigui daurada. Retirar i deixar reposar durant 3 minuts i després tallar a rodanxes. Atendre.

Confit d'oca de taronja

Temps de preparació + cocció: 12 hores 7 minuts + temps de refredament Porcions: 6

Ingredients

3 fulles de llorer

6 potes d'oca

10 culleradetes de sal

6 dents d'all picats

1 branqueta de romaní fresc, sense tija

1½ tasses de greix d'oca

1 culleradeta de grans de pebre

Ratlladura d'1 taronja

Adreces

Raspalli les potes d'oca amb all, sal, pebre i romaní. Tapar i deixar refredar al frigorífic de 12 a 24 hores. Prepareu un bany d'aigua i col·loqueu el Sous Vide-hi. Poseu a 172 F. Traieu l'oca de la nevera i assequi'l amb una tovallola de cuina.

Col · loqueu l'oca, el greix d'oca, les fulles de llorer, el gra de pebre i la ratlladura de taronja en una bossa segellable al buit. Allibereu l'aire mitjançant el mètode de desplaçament d'aigua, segeu i submergiu la bossa al bany d'aigua. Cuini per 12 hores.

Quan el temporitzador s'hagi aturat, treu l'oca de la bossa i neteja l'excés de greix. Escalfeu una paella a foc alt i daureu l'oca durant 5-7 minuts fins que estigui cruixent.

Pasta de gambetes amb llimona i formatge

Temps de preparació + cocció: 55 minuts Porcions: 4

Ingredients

2 tasses de bledes picades
6 cullerades de mantega
½ tassa de formatge parmesà
2 dents d'all picades
1 llimona, ratllat i espremut
1 cullerada d'alfàbrega fresca picada
Sal i pebre negre al gust
1 culleradeta de fulles de pebrot vermell
1½ lliures de gambetes, estroncats, amb cua
8 oz de pasta a elecció

Adreces

Prepareu un bany d'aigua i col·loqueu el Sous Vide-hi. Ajusti'l a 137 F.

Escalfeu una olla a foc mitjà i combineu la mantega, les bledes, 1/4 tassa de formatge Pecorino Romà, l'all, la ratlladura i el suc de llimona, l'alfàbrega, la sal, el pebre negre i les fulles de pebrot vermell. Cuini per 5 minuts fins que la mantega es fongui. Deixeu-ho de banda.

Col·loqueu les gambetes en una bossa amb tancament al buit i aboqui la barreja de llimona. Sacsejar bé. Allibereu l'aire mitjançant el mètode de desplaçament d'aigua, segeu i submergiu la bossa al bany d'aigua. Cuini per 30 minuts.

Mentrestant, cuineu la pasta d'acord amb les instruccions del paquet. Escorreu-lo i poseu-lo a l'olla. Quan el temporitzador s'hagi aturat, traieu la bossa i transferiu-la a l'olla per a pasta. Cuini per 3-4 minuts. Cobreixi amb el formatge Pecorino restant i serveixi.

Flautan amb glacejat de xerès dolç i miso

Temps de preparació + cocció: 50 minuts Porcions: 4

Ingredients

1 cullerada d'oli d'oliva

2 cullerades de mantega

⅓ tassa de xerès dolç

⅓ tassa de miso vermell

¼ tassa de mirin

3 cullerades de sucre morena

2½ cullerades de salsa de soja

4 filets de fletan

2 cullerades de cebetes picades

2 cullerades de julivert fresc picat

Adreces

Prepareu un bany d'aigua i col·loqueu el Sous Vide-hi. Poseu a 134 F. Escalfeu la mantega en una cassola a foc mitjà-baix. Afegiu el xerès dolç, el miso, el mirin, el sucre morena i la salsa de soja durant 1 minut. Deixeu-ho de banda. Deixeu-ho refredar. Col·loqueu el noliejat en 2 bosses segellables al buit. Allibereu l'aire mitjançant el mètode de desplaçament d'aigua, segelli i submergiu les bosses al bany d'aigua. Cuini per 30 minuts.

Quan el temporitzador s'hagi aturat, traieu el noliejador de les bosses i assequi'l amb una tovallola de cuina. Reserva els sucs de cocció. Escalfeu una cassola a foc alt i aboqueu els sucs de cocció. Cuini fins que es redueixi a la meitat.

Escalfeu l'oli d'oliva en una paella a foc mitjà i transferiu els filets. Daureu durant 30 segons per cada costat fins que estiguin cruixents. Serveix el peix i ruixa amb Miso Glaze. Adorni amb cebes tendres i julivert.

Salmó cruixent amb glacejat de gingebre dolç

Temps de preparació i cocció: 53 minuts | Porcions: 4

Ingredients

½ tassa de salsa Worcestershire

6 cullerades de sucre blanca

4 cullerades de mirin

2 dents d'all petites, picades

½ culleradeta de maicena

½ culleradeta de gingebre fresc ratllat

4 filets de salmó

4 culleradetes d'oli vegetal

2 tasses d'arròs cuit per servir

1 culleradeta de llavors de rosella torrades

Adreces

Prepareu un bany d'aigua i col·loqueu el Sous Vide-hi. Ajusteu-lo a 129 F.

Combineu la salsa Worcestershire, el sucre, el mirin, l'all, la maicena i el gingebre en una olla calenta a foc mitjà. Cuini per 1 minut fins que el sucre s'hagi dissolt. Reserveu 1/4 tassa de salsa. Deixeu-ho refredar. Col·loca els filets de salmó en 2 bosses segellables al buit amb la salsa restant. Allibereu l'aire mitjançant el mètode de desplaçament d'aigua, segelli i submergiu les bosses al bany d'aigua. Cuini per 40 minuts.

Quan el temporitzador s'hagi aturat, traieu els filets de les bosses i assequi'ls amb una tovallola de cuina. Escalfa una cassola a foc mitjà i cuina la tassa de salsa per 2 minuts fins que s'espesseixi. Escalfeu l'oli en una paella. Daureu el salmó durant 30 segons per costat. Serveixi el salmó amb salsa i llavors de rosella.

Peix Cítric amb Salsa de Coco

Temps de preparació: 1 hora i 57 minuts | Porcions: 6

Ingredients

2 cullerades d'oli vegetal

4 tomàquets, pelats i picats

2 pebrots morrons vermells, tallats a glaçons

1 ceba groga, tallada a glaçons

½ tassa de suc de taronja

¼ de tassa de suc de llima

4 dents d'all picades

1 culleradeta de llavors d'alcaravea, triturades

1 culleradeta de comí en pols

1 culleradeta de pebre de caiena

½ culleradeta de sal

6 filets de bacallà, sense pell, en galledes

14 unces de llet de coco

¼ de tassa de coco ratllat

3 cullerades de coriandre fresc picat

Adreces

Prepareu un bany d'aigua i col·loqueu el Sous Vide-hi. Ajusti'l a 137 F.

Combineu en un bol, el suc de taronja, el suc de llima, l'all, les llavors d'alcaravea, el comí, el pebre de caiena i la sal. Unteu els filets amb la barreja de llima. Tapar i deixar refredar a la nevera durant 1 hora.

Mentrestant, escalfeu l'oli en una cassola a foc mitjà i afegiu els tomàquets, els pebrots morrons, la ceba i la sal. Cuini durant 4-5 minuts fins que s'estovin. Aboqui la llet de coco sobre la barreja de tomàquet i cuini per 10 minuts. Reservar i deixar refredar.

Traieu els filets de la nevera i poseu-los en 2 bosses segellables al buit amb la barreja de coco. Allibereu l'aire mitjançant el mètode de desplaçament d'aigua, segelli i submergiu les bosses al bany d'aigua. Cuini per 40 minuts. Quan el temporitzador s'hagi aturat, traieu les bosses i transferiu el contingut a un bol per servir. Adorni amb el coco ratllat i el coriandre. Serveix-ho amb arròs.

Badia calentada amb llima i julivert

Temps de preparació i cocció: 75 minuts | Porcions: 4

Ingredients

4 filets d'eglefí, amb pell

½ culleradeta de sal

6 cullerades de mantega

Ratlladura i suc de 1 llima

2 culleradetes de julivert fresc picat

1 llima, a quarts

Adreces

Prepareu un bany d'aigua i col·loqueu el Sous Vide-hi. Ajusti'l a 137 F.

Assaoneu els filets amb sal i poseu-los en 2 bosses segellables al buit. Afegiu la mantega, la meitat de la ratlladura de llima i el suc de llima i 1 cullerada de julivert. Allibereu aire mitjançant el mètode de desplaçament d'aigua. Transferiu a la nevera i deixeu refredar durant 30 minuts. Segelli i submergeixi les bosses al bany d'aigua. Cuini per 30 minuts.

Quan el temporitzador s'hagi aturat, traieu els filets i assequi'ls amb una tovallola de cuina. Calfeu la mantega restant en una paella a foc mitjà i daureu els filets durant 45 segons per cada costat, tirant la mantega fosa per sobre. Assequi amb una tovallola de cuina i transfereixi a un plat. Adorni amb cambres de llima i serveixi.

Tilàpia cruixent amb salsa de mostassa i auró

Temps de preparació + cocció: 65 minuts Porcions: 4

Ingredients

2 cullerades de xarop d'auró

6 cullerades de mantega

2 cullerades de mostassa de Dijon

2 cullerades de sucre morena

1 cullerada de julivert

1 cullerada de farigola

2 cullerades de salsa de soja

2 cullerades de vinagre de vi blanc

4 filets de tilapia, amb pell

Adreces

Prepareu un bany d'aigua i col·loqueu el Sous Vide-hi. Ajustament a 114 F.

Escalfar una cassola a foc mitjà i posar 4 cullerades de mantega, mostassa, sucre morena, xarop d'auró, salsa de soja, vinagre, julivert i farigola. Cuini per 2 minuts. Reserveu-ho i deixeu-ho refredar durant 5 minuts.

Col·loqueu els filets de tilàpia en una bossa segellable al buit amb salsa d'auró. Allibereu l'aire mitjançant el mètode de desplaçament d'aigua, segeu i submergiu la bossa al bany d'aigua. Cuini per 45 minuts.

Quan el temporitzador s'hagi aturat, traieu els filets i assequi'ls amb una tovallola de cuina. Escalfeu la mantega restant en una paella a foc mitjà i daureu els filets durant 1-2 minuts.

Peix espasa mostassa

Temps de preparació + cocció: 55 minuts Porcions: 4

Ingredients

2 cullerades d'oli d'oliva
2 filets de peix espasa
Sal i pebre negre al gust
½ culleradeta de mostassa de Coleman
2 culleradetes d'oli de sèsam

Adreces

Prepareu un bany d'aigua i poseu Sous Vide en ell. Posar a 104 F. Assaoneu el peix espasa amb sal i pebre. Barregeu bé l'oli d'oliva i la mostassa. Col·loqueu el peix espasa en una bossa segellable al buit amb la barreja de mostassa. Allibereu aire mitjançant el mètode de desplaçament d'aigua. Deixeu reposar a la nevera durant 15 minuts. Segelli i submergeixi la bossa al bany d'aigua. Cuini per 30 minuts.

Escalfeu l'oli de sèsam en una paella a foc alt. Quan el temporitzador s'hagi aturat, traieu el peix espasa i assequi'l amb una tovallola de cuina. Rebutgeu els sucs de cocció.

Transferiu a la paella i daureu durant 30 segons per costat. Tallar el peix espasa a rodanxes i servir.

Truites de peix picant

Temps de preparació + cocció: 35 minuts Porcions: 6

Ingredients

⅓ tassa de crema batuda

4 filets de fletan, sense pell

1 culleradeta de coriandre fresc picat

¼ de culleradeta de fulles de pebrot vermell

Sal i pebre negre al gust

1 cullerada de vinagre de sidra

½ ceba dolça picada

6 truites

Enciam iceberg ratllada

1 tomàquet gran, a rodanxes

Guacamole per decorar

1 llima, a quarts

Adreces

Prepareu un bany d'aigua i col·loqueu el Sous Vide-hi. Ajusteu-lo a 134 F.

Combineu els filets amb el coriandre, les fulles de pebrot vermell, la sal i el pebre. Col · loqueu en una bossa segellable al buit. Alliberar aire mitjançant el mètode de desplaçament d'aigua, submergir la bossa al bany. Cuini per 25 minuts.

Mentrestant, barregeu el vinagre de sidra, la ceba, la sal i el pebre. Deixeu-ho de banda. Quan el temporitzador s'hagi aturat, traieu els filets i assequi'ls amb una tovallola de cuina. Utilitzant un bufador i daure els filets. Picar a trossos. Posa el peix sobre la truita, afegeix enciam, tomàquet, crema, barreja de ceba i guacamole. Adorni amb llima.

Truita de Carn Molida

Temps de preparació + cocció: 35 minuts Porcions: 3

Ingredients:

1 tassa de carn mòlta magra
¼ de tassa de cebes finament picades
¼ de culleradeta de farigola seca, mòlt
½ culleradeta d'orenga seca, mòlta
Sal i pebre negre al gust
1 cullerada d'oli d'oliva

Adreces:

Preescalfeu l'oli en una paella a foc mitjà. Afegiu les cebes i salteu durant uns 3-4 minuts, o fins que estiguin transparents. Afegiu la carn mòlta i cuini per 5 minuts, remenant ocasionalment. Empolvora amb una mica de sal, pebre, farigola i orenga. Revuelva bé i cuini per un minut més. Tregui'l del foc i aparti'l.

Prepareu un bany d'aigua i col·loqueu el Sous Vide-hi. Poseu a 170 F. Batre els ous en un bol mitjà i abocar en una bossa resellable al buit. Afegiu la barreja de carn mòlta. Allibereu l'aire mitjançant el mètode de desplaçament de l'aigua i segelli la bossa.

Submergiu la bossa al bany d'aigua i programeu el temporitzador durant 15 minuts. Amb un guant, fes un massatge a la bossa cada 5 minuts per assegurar una cocció uniforme. Quan es va aturar el temporitzador, traieu la bossa del bany d'aigua i transferiu la truita a un plat per servir.

Frittata Vegetariana Lleugera

Temps de preparació + cocció: 1 hora i 40 minuts | Porcions: 5

Ingredients

1 cullerada d'oli d'oliva

1 ceba mitjana picada

Sal al gust

4 dents d'all picades

1 daikon, pelat i tallat a glaçons

2 pastanagues, pelades i tallades a glaçons

1 xirivia, pelada i tallada a glaçons

1 tassa de carbassa, pelada i tallada a glaçons

6 unces de xampinyons ostra, picats

¼ tassa de fulles de julivert, recent picades

Un pessic de fulles de pebrot vermell

5 ous grans

¼ tassa de llet sencera

Adreces

Prepareu un bany d'aigua i col·loqueu el Sous Vide-hi. Poseu a 175 F. Greixeu alguns flascons amb oli. Deixeu-ho de banda.

Escalfeu una paella a foc alt amb oli. Afegeix la suor de ceba per 5 minuts. Afegiu l'all i cuini per 30 segons. Condimentar amb sal. Combineu pastanagues, daikon, carbassa i xirivies. Assaoneu amb sal i cuini 10 minuts més. Afegeix-hi els xampinyons i assaona-ho amb les fulles de pebrot i el julivert. Cuini per 5 minuts.

En un bol, bateu els ous i la llet. Assaoneu amb sal. Separeu la barreja entre els flascons amb les verdures. Segelli i submergeixi els flascons al bany d'aigua. Cuini per 60 minuts. Quan el temporitzador s'hagi aturat, traieu els flascons. Deixeu refredar i serveixi.

Sandvitx d'Alvocat i Ou

Temps de preparació + cocció: 70 minuts Porcions: 4

Ingredients:

8 llesques de pa

4 ous

1 alvocat

1 culleradeta de pebre vermell

4 culleradetes de salsa holandesa

1 cullerada de julivert picat

Sal i pebre negre al gust

Adreces:

Prepareu un bany d'aigua i col·loqueu el Sous Vide-hi. Poseu a 145 F. Traieu la polpa de l'alvocat i tritureu-lo. Afegiu la salsa i les espècies. Col·loqueu els ous en una bossa amb tancament al buit. Allibereu l'aire mitjançant el mètode de desplaçament d'aigua, segelli i submergiu la bossa en un bany d'aigua. Configureu el temporitzador per 1 hora.

Un cop fet això, poseu-lo immediatament en un bany de gel perquè es refredi. Pelar i tallar els ous a rodanxes. Unteu la meitat de les rodanxes d'ou amb el puré d'alvocat i cobriu-les amb les rodanxes d'ou. Cobreixi amb les llesques de pa restants.

Ous diabòlics

Temps de preparació i cocció: 75 minuts | Porcions: 6

Ingredients:

6 ous

Suc de 1 llimona

2 cullerades de julivert picat

1 tomàquet, picat

2 cullerades d'olives negres picades

1 cullerada de iogurt

1 cullerada d'oli d'oliva

1 culleradeta de mostassa

1 culleradeta de Xile en pols

Adreces:

Prepareu un bany d'aigua i col·loqueu el Sous Vide-hi. Poseu a 170 F. Col·loqueu els ous en una bossa segellable al buit. Allibereu l'aire mitjançant el mètode de desplaçament d'aigua, segelli i submergiu la bossa en un bany d'aigua. Configureu el temporitzador per 1 hora.

Un cop llest, traieu la bossa i en un bany de gel per refredar i pelar. Tallar per la meitat i treure els rovells. Afegiu els ingredients restants als rovells i regireu per combinar. Omple els ous amb la barreja.

Ous durs

Temps de preparació + cocció: 1 hora i 10 minuts | Porcions: 3

Ingredients:

3 ous grans
Bany de gel

Adreces:

Feu un bany d'aigua, poseu Sous Vide en ell i ajust a 165 F. Col·loqueu els ous al bany d'aigua i programeu el temporitzador durant 1 hora.

Quan el temporitzador s'hagi aturat, transfereixi els ous a un bany de gel. Pela els ous. Serveix com a entrepà o en amanides.

Ous en escabetx

Temps de preparació + cocció: 2 hores 10 minuts Porcions: 6

Ingredients:

6 ous
1 cullerada de grans de pebre
Suc d'una llauna de remolatxa
1 tassa de vinagre
½ cullerada de sal
2 alls
1 full de llorer
¼ de tassa) de sucre

Adreces:

Prepareu un bany d'aigua i poseu Sous Vide en ell. Poseu a 170 F. Amb compte, baixeu els ous a l'aigua i cuini durant 1 hora. Amb una escumadora, transferiu-los a un bol gran amb aigua gelada i deixeu-los refredar durant un parell de minuts. Peleu i poseu en un flascó d'1 quart de galó amb tapa amb frontisses.

En un bol petit combineu els ingredients restants. Abocar sobre els ous, segellar i submergir al bany. Cuini per 1 hora.

Traieu el flascó del bany d'aigua i refredeu a temperatura ambient.

Ous tous i amb Xile

Temps de preparació + cocció: 60 minuts Porcions: 5

Ingredients:

1 cullerada de Xile en pols
5 ous
Sal i pebre negre al gust

Adreces:

Prepareu un bany d'aigua i poseu Sous Vide en ell. Poseu a 147 F. Col·loqueu els ous en una bossa segellable al buit. Alliberar aire mitjançant el mètode de desplaçament d'aigua, segellar i submergir al bany. Cuini per 50 minuts.

Quan el temporitzador s'hagi aturat, traieu la bossa i poseu-los en un bany de gel perquè es refredin i es pelin. Empolvora els ous amb les espècies i serveix.

Ous Benedict

Temps de preparació + cocció: 70 minuts Porcions: 4

Ingredients:

4 ous
3 unces de cansalada, llescat
5 cullerades de salsa holandesa
4 muffins de galeta
Sal i pebre negre al gust

Adreces:

Prepareu un bany d'aigua i col·loqueu el Sous Vide-hi. Poseu a 150 F. Col·loqueu els ous en una bossa segellable al buit. Allibereu l'aire mitjançant el mètode de desplaçament d'aigua, segeu i submergiu la bossa al bany d'aigua. Configureu el temporitzador per 1 hora.

Quan el temporitzador s'hagi aturat, traieu la bossa i separeu. Peleu els ous i col·loqueu-los damunt dels muffins. Ruixeu amb salsa i empolvoreu amb sal i pebre. Cobreixi amb cansalada.

Remenat d'ou amb anet i cúrcuma

Temps de preparació + cocció: 35 minuts Porcions: 8

Ingredients:

8 ous
1 cullerada de cúrcuma en pols
¼ tassa d'anet
1 culleradeta de sal
pessic de pebre vermell

Adreces:

Prepareu un bany d'aigua i col·loqueu el Sous Vide-hi. Poseu a 165 F. Bateu els ous en un bol juntament amb la resta dels ingredients. Transferiu a una bossa segellable al buit. Allibereu l'aire mitjançant el mètode de desplaçament d'aigua, segelli i submergiu la bossa en un bany d'aigua. Configureu el temporitzador en 15 minuts.

Quan el temporitzador s'hagi aturat, traieu la bossa i feu un massatge amb compte per combinar. Cuini per altres 15 minuts. Treu la bossa de l'aigua amb compte. Serveixi calent.

Ous calentats

Temps de preparació + cocció: 65 minuts Porcions: 4

Ingredients:

4 tasses d'aigua
4 ous de pebre vermell
1 cullerada de maionesa
Sal i pebre negre al gust

Adreces:

Prepareu un bany d'aigua i poseu Sous Vide en ell. Poseu a 145 F. Col·loqueu els ous en una bossa segellable al buit. Alliberar aire mitjançant el mètode de desplaçament d'aigua, segellar i submergir el bany. Configureu el temporitzador en 55 minuts.

Quan el temporitzador s'hagi aturat, traieu la bossa i transferiu-la a un bany de gel per refredar i pelar. Mentrestant, bulliu l'aigua en una cassola. Encaixeu els ous pelats endins i cuini per un minut. Mentre es cuinen els ous, barregeu els ingredients restants. Ruixeu els ous.

Ous a Cansalada

Temps de preparació + cocció: 7 hores 15 minuts Porcions: 4

Ingredients:

4 ous durs
1 culleradeta de mantega
7 unces de cansalada, llescat
1 cullerada de mostassa de Dijon
4 unces de formatge mozzarella, llescat
Sal i pebre negre al gust

Adreces:

Prepareu un bany d'aigua i col·loqueu el Sous Vide-hi. Posar a 140 F. Fregueu la cansalada amb mantega i pebre. Col·loqueu una rodanxa de formatge mozzarella sobre de cada ou i emboliqui els ous juntament amb el formatge en cansalada.

Unteu amb mostassa i col·loqueu-los en una bossa amb tancament al buit. Allibereu l'aire mitjançant el mètode de desplaçament d'aigua, segelli i submergiu la bossa en un bany d'aigua. Configureu el temporitzador en 7 hores. Quan el temporitzador s'hagi aturat, traieu la bossa i transferiu-la a un plat. Serveixi calent.

Ous de Tomàquet Cherry

Temps de preparació + cocció: 40 minuts Porcions: 6

Ingredients:

10 ous

1 tassa de tomàquets cherry, tallats per la meitat

2 cullerades de crema agra

1 cullerada de cibulet

½ tassa de llet

½ culleradeta de nou moscada

1 culleradeta de mantega

1 culleradeta de sal

Adreces:

Prepareu un bany d'aigua i col·loqueu el Sous Vide-hi. Ajusti'l a 170 F.

Col·loqueu els tomàquets cherry en una bossa gran amb tancament al buit. Bateu els ous amb la resta dels ingredients i aboqueu-los sobre els tomàquets. Allibereu l'aire mitjançant el mètode de desplaçament d'aigua, segelli i submergiu la bossa en un bany d'aigua. Configureu el temporitzador en 30 minuts. Un cop fet això, traieu la bossa i transferiu-la a un plat.

Pastrami Scramble

Temps de preparació + cocció: 25 minuts Porcions: 3

Ingredients:

6 ous

½ tassa de pastrami

2 cullerades de crema espessa

Sal i pebre negre al gust

2 cullerades de mantega fosa

3 llesques de pa torrat

Adreces:

Prepareu un bany d'aigua i col·loqueu el Sous Vide-hi. Poseu a 167 F. Bateu la mantega, els ous, la crema i les espècies en una bossa amb tancament al buit. Allibereu l'aire mitjançant el mètode de desplaçament d'aigua, segelli i submergiu la bossa en un bany d'aigua. Configureu el temporitzador en 15 minuts. Quan el temporitzador s'hagi aturat, traieu la bossa i transferiu els ous a un plat. Serveix damunt la torrada.

Tomàquet Shakshuka

Temps de preparació + cocció: 2 hores 10 minuts Porcions: 3

Ingredients:

28 unces de tomàquets triturats enllaunats

6 ous

1 cullerada de pebre vermell

2 dents d'all picades

Sal i pebre negre al gust

2 culleradetes de comí

¼ de tassa de coriandre picat

Adreces:

Prepareu un bany d'aigua i col·loqueu el Sous Vide-hi. Poseu a 148 F. Col·loqueu els ous en una bossa segellable al buit. Allibereu l'aire mitjançant el mètode de desplaçament d'aigua, segelli i submergiu la bossa en un bany d'aigua. Combineu els ingredients restants en una altra bossa segellable al buit. Configureu el temporitzador per 2 hores.

Dividiu la salsa de tomàquet en tres bols. Quan el temporitzador s'hagi aturat, traieu la bossa. Peleu els ous i col·loqueu-ne 2 a cada bol.

Truita d'espinacs

Temps de preparació + cocció: 20 minuts Porcions: 2

Ingredients:

4 ous grans, batuts
¼ de tassa de iogurt grec
¾ tassa d'espinacs frescos, finament picats
1 cullerada de mantega
¼ tassa de formatge cheddar ratllat
¼ de culleradeta de sal

Adreces:

Prepareu un bany d'aigua, poseu Sous Vide en ell i ajust a 165 F. Bateu els ous en un bol mitjà. Afegiu el iogurt, la sal i el formatge. Col·loqueu la barreja en una bossa amb tancament al buit i segella. Submergeix la bossa al bany d'aigua. Cuini per 10 minuts.

Fondre la mantega en una paella a foc mitjà. Afegiu els espinacs i cuini per 5 minuts. Deixeu-ho de banda. Quan el temporitzador s'hagi aturat, traieu la bossa i transferiu els ous a un plat per servir. Cobriu amb espinacs i doblegueu la truita.

Truita de ruca i prosciutto

Temps de preparació + cocció: 25 minuts Porcions: 2

Ingredients:

4 llesques fines de pernil serrà

5 ous grans

¼ tassa de ruca fresca, finament picada

¼ de tassa d'alvocat a rodanxes

Sal i pebre negre al gust

Adreces:

Prepareu un bany d'aigua, poseu Sous Vide en ell i ajust a 167 F. Bateu els ous amb ruca, sal i pebre. Transferiu a una bossa segellable al buit. Premeu per eliminar l'aire i després segelli la tapa. Cuini per 15 minuts. Quan el temporitzador s'hagi aturat, traieu la bossa, obriu i transferiu la truita a un plat per servir i cobreixi amb rodanxes d'alvocat i pernil serrà.

Truita de ceba tendra i gingebre

Temps de preparació + cocció: 20 minuts Porcions: 2

Ingredients:

8 ous de gallines camperes, batuts
½ tassa de cebes tendres
1 culleradeta de gingebre acabat de ratllar
1 cullerada d´oli d´oliva extra verge
Sal i pebre negre al gust

Adreces:

Prepareu un bany d'aigua, poseu Sous Vide en ell i ajust a 165 F.

En un bol mitjà, bateu els ous, el gingebre, la sal i el pebre. Transferiu la barreja a una bossa resellable al buit i tanqueu-la. Submergeix la bossa al bany d'aigua. Cuini per 10 minuts.

Escalfeu l'oli en una cassola a foc mitjà. Cuini les cebes tendres durant 2 minuts. Quan el temporitzador s'hagi aturat, traieu la bossa, obriu i traieu la truita a un plat per servir. Tall a rodanxes fines, cobreixi amb cebes i doblega la truita per servir.

Dits de pollastre italià

Temps de preparació + cocció: 2 hores 20 minuts Porcions: 3

Ingredients:

1 lliura de pit de pollastre, desossada i sense pell
1 tassa de farina d'ametlles
1 cullleradeta d'all picat
1 cullleradeta de sal
½ cullleradeta de pebre de caiena
2 cullleradetes d'herbes italianes barrejades
¼ de cullleradeta de pebre negre
2 ous batuts
¼ tassa d'oli d'oliva

Adreces:

Esbandiu la carn amb aigua corrent freda i assequeu-la amb paper de cuina. Assaoneu amb herbes italianes barrejades i col·loqueu-les en un recipient gran segellable al buit. Segelli la bossa i cuini en sous vid durant 2 hores a 167 F. Traieu del bany d'aigua i reservi.

Ara combineu la farina, la sal, el pebre de caiena, les herbes italianes i el pebre en un bol i reservi. En un recipient a part, bateu els ous i reserveu-los.

Escalfeu l'oli d'oliva en una paella gran a foc mitjà. Submergiu el pollastre a l'ou batut i cobriu-lo amb la barreja de farina. Fregir durant 5 minuts per cada costat o fins que es daurin.

Entrepans de pollastre a la cirera

Temps de preparació + cocció: 1 hora i 40 minuts Porcions: 3

Ingredients:

1 lliura de pit de pollastre, desossada i sense pell, tallada a trossos petits
1 tassa de pebrot vermell picat a trossos
1 tassa de pebrot verd, picat a trossos
1 tassa de tomàquets cherry sencers
1 tassa d'oli d'oliva
1 culleradeta de barreja de condiments italians
1 culleradeta de pebre de caiena
½ culleradeta d'orenga seca
Sal i pebre negre al gust

Adreces:

Esbandiu la carn amb aigua corrent freda i assequeu-la amb paper de cuina. Tallar a trossos petits i reservar. Rentar els pebrots morrons i tallar-los a trossos. Rentar els tomàquets cherry i treure'ls les tiges verdes. Deixeu-ho de banda.

En un bol, combineu l'oli d'oliva amb condiment italià, caiena, sal i pebre.

Revuelva fins que estigui ben incorporat. Afegeix-hi la carn i cobreix-la bé amb la marinada. Deixeu reposar durant 30 minuts per permetre que els sabors es barregin i penetrin a la carn.

Col·loqueu la carn juntament amb les verdures en una bossa gran amb tancament al buit. Afegeix-hi tres cullerades de la marinada i segella la bossa. Cuini en sous vid durant 1 hora a 149 F.

Torrada de canyella i caqui

Temps de preparació + cocció: 4 hores 10 minuts Porcions: 6

Ingredients:

4 llesques de pa torrat

4 caquis, picats

3 cullerades de sucre

½ culleradeta de canyella

2 cullerades de suc de taronja

½ culleradeta d'extracte de vainilla

Adreces:

Prepareu un bany d'aigua i col·loqueu el Sous Vide-hi. Ajusti'l a 155 F.

Col·loqueu els caquis en una bossa segellable al buit. Afegiu suc de taronja, extracte de vainilla, sucre i canyella. Tanqueu la bossa i agiteu bé per cobrir els trossos de caqui. Allibereu l'aire mitjançant el mètode de desplaçament d'aigua, segelli i submergiu la bossa en un bany d'aigua. Configureu el temporitzador durant 4 hores.

Quan el temporitzador s'hagi aturat, traieu la bossa i transferiu els caquis a un processador d'aliments. Barregeu-ho fins que estigui suau. Unteu la barreja de caqui sobre pa torrat.

Aletes de pollastre amb gingebre

Temps de preparació + cocció: 2 hores 25 minuts Porcions: 4

Ingredients:

2 lliures d'aletes de pollastre

¼ tassa d'oli d'oliva verge extra

4 dents d'all

1 cullerada de fulles de romaní finament picades

1 culleradeta de pebre blanc

1 culleradeta de pebre de caiena

1 cullerada de farigola fresca, finament picat

1 cullerada de gingebre fresc ratllat

¼ de tassa de suc de llima

½ tassa de vinagre de sidra de poma

Adreces:

Esbandiu les aletes de pollastre amb aigua corrent freda i escorriu en un colador gran.

En un bol gran, combineu l'oli d'oliva amb all, romaní, pebre blanc, pebre de caiena, farigola, gingebre, suc de llima i vinagre de sidra de poma. Submergeixi les ales en aquesta barreja i cobreixi. Refrigeri per una hora.

Transferiu les ales juntament amb la marinada en una bossa gran segellable al buit. Segelli la bossa i cuini en sous viu durant 1 hora i 15 minuts a 149 F. Traieu de la bossa segellable al buit i daureu abans de servir. Servir i gaudir!

Empanades de carn

Temps de preparació + cocció: 1 hora i 55 minuts | Porcions: 4

Ingredients:

1 lliura de carn mòlta magra
1 ou
2 cullerades d'ametlles finament picades
2 cullerades de farina d'ametlles
1 tassa de cebes finament picades
2 dents d'all picats
¼ tassa d'oli d'oliva
Sal i pebre negre al gust
¼ de tassa de fulles de julivert, finament picades

Adreces:

En un bol, combineu la carn mòlta amb ceba finament picada, all, oli, sal, pebre, julivert i ametlles. Barrejar bé amb una forquilla i afegir a poc a poc una mica de farina d'ametlles.

Batre un ou i refrigerar durant 40 minuts. Traieu la carn de la nevera i formi amb cura en empanades d'una polzada de gruix, d'aproximadament 4 polzades de diàmetre. Col · loqueu en dues bosses segellables al buit separades i cuini en sous vid durant una hora a 129 F.

Berza farcida

Temps de preparació + cocció: 65 minuts Porcions: 3

Ingredients:

1 lliura de col cuita al vapor
1 lliura de carn mòlta magra
1 ceba petita finament picada
1 cullerada d'oli d'oliva
Sal i pebre negre al gust
1 culleradeta de menta fresca, finament picada

Adreces:

Bulliu una olla gran d'aigua i afegiu les verdures. Cuini breument, durant 2-3 minuts. Escórrer i esprémer suaument les verdures i reservar.

En un bol gran, combineu la carn mòlta, la ceba, l'oli, la sal, el pebre i la menta. Remeneu bé fins que s'incorpori. Col·loqueu les fulles a la superfície de treball, amb les venes cap amunt. Utilitzeu una cullerada de la barreja de carn i poseu-la al centre inferior de cada fulla. Doblega els costats i enrotlla bé. Fica els costats i transfereixi suaument a una bossa gran segellable al buit. Segelli la bossa i cuini en sous vid durant 45 minuts a 167 F.

Pannini de salsitxa italiana amb herbes

Temps de preparació + cocció: 3 hores 15 minuts Porcions: 4

Ingredients

1 lliura de salsitxa italiana

1 pebrot vermell tallat a rodanxes

1 pebrot groc, tallat a rodanxes

1 ceba a rodanxes

1 gra d'all picat

1 tassa de suc de tomàquet

1 culleradeta d'orenga seca

1 culleradeta d'alfàbrega seca

1 culleradeta d'oli d'oliva

Sal i pebre negre al gust

4 llesques de pa

Adreces

Prepareu un bany d'aigua i col·loqueu el Sous Vide-hi. Ajusteu-lo a 138 F.

Col·loqueu les salsitxes en una bossa segellable al buit. Afegiu l'all, l'alfàbrega, la ceba, el pebrot, el suc de tomàquet i l'orenga a cada bossa. Allibereu l'aire mitjançant el mètode de desplaçament d'aigua, segelli i submergiu les bosses al bany d'aigua. Cuini per 3 hores.

Quan el temporitzador s'hagi aturat, traieu les salsitxes i transferiu-les a una paella calenta. Fregir-los 1 minut per cada costat. Deixeu-ho de banda. Afegiu els ingredients restants a la paella, assaoneu amb sal i pebre. Cuini fins que l'aigua s'hagi evaporat. Serveix les salsitxes i la resta dels ingredients entre el pa.

Carxofes de llimona i all

Temps de preparació + cocció: 2 hores 15 minuts Porcions: 5

Ingredients:

3 carxofes

Suc de 3 llimones

1 cullerada de mostassa

5 dents d'all, picades

1 cullerada de ceba verda picada

4 cullerades d'oli d'oliva

Adreces:

Prepareu un bany d'aigua i col·loqueu el Sous Vide-hi. Posar a 195 F. Rentar i separar les carxofes. Col·loqueu en un recipient de plàstic. Afegiu els ingredients restants i agiteu per cobrir bé. Col·loca tota la barreja en una bossa de plàstic. Segelli i submergeixi la bossa al bany d'aigua. Configureu el temporitzador per 2 hores.

Quan el temporitzador s'hagi aturat, traieu la bossa i cuini a la graella durant un minut per costat.

Croquetes de rovell de panko

Temps de preparació + cocció: 60 minuts Porcions: 5

Ingredients:

2 ous més 5 rovells

1 tassa de pa ratllat panko

3 cullerades d'oli d'oliva

5 cullerades de farina

¼ de culleradeta de condiment italià

½ culleradeta de sal

¼ culleradeta de pebre vermell

Adreces:

Prepareu un bany d'aigua i col·loqueu el Sous Vide-hi. Poseu a 150 F. Col·loqueu el rovell dins de l'aigua (sense bossa o got) i cuini per 45 minuts, voltejant a la meitat. Deixeu refredar una mica. Bateu els ous juntament amb els altres ingredients, excepte l'oli. Submergiu els rovells a la barreja d'ou i panko.

Escalfeu l'oli en una paella. Fregiu els rovells uns minuts per cada costat, fins que estiguin daurats.

Hummus de Xile

Temps de preparació + cocció: 4 hores 15 minuts Porcions: 9)

Ingredients:

16 unces de cigrons, remullats durant la nit i escorreguts
2 dents d'all picades
1 culleradeta de sriratxa
¼ de culleradeta de Xile en pols
½ culleradeta de fulles de Xile
½ tassa d'oli d'oliva
1 cullerada de sal
6 tasses d'aigua

Adreces:

Prepareu un bany d'aigua i col·loqueu el Sous Vide-hi. Poseu a 195 F. Col·loqueu els cigrons i l'aigua en una bossa de plàstic. Allibereu l'aire mitjançant el mètode de desplaçament d'aigua, segelli i submergiu la bossa en un bany d'aigua. Configureu el temporitzador durant 4 hores.

Quan el temporitzador s'hagi aturat, retira la bossa, escorre l'aigua i transfereix els cigrons a un processador d'aliments.

Afegiu els ingredients restants. Barregeu-ho fins que estigui suau.

Baquetes de mostassa

Temps de preparació + cocció: 1 hora Porcions: 5

Ingredients:

2 lliures de cuixes de pollastre

¼ tassa de mostassa de Dijon

2 dents d'all picats

2 cullerades d'aminoàcids de coco

1 culleradeta de sal rosada de l'Himàlaia

½ culleradeta de pebre negre

Adreces:

Esbandiu les baquetes amb aigua corrent freda. Escórrer en un colador gran i reservar.

En un bol petit, combini Dijon amb all picat, aminoàcids de coco, sal i pebre. Esteneu la barreja sobre la carn amb un raspall de cuina i poseu-la en una bossa gran amb tancament al buit. Segelli la bossa i cuini en sous vid durant 45 minuts a 167 F.

Rondes de Albergínia amb Festucs

Temps de preparació + cocció: 8 hores 10 minuts Porcions: 8

Ingredients:

3 albergínies a rodanxes
¼ tassa de festucs triturats
1 cullerada de miso
1 cullerada de mirin
2 culleradetes d'oli d'oliva
1 culleradeta de cibulet
Sal i pebre negre al gust

Adreces:

Prepareu un bany d'aigua i col·loqueu el Sous Vide-hi. Ajusti'l a 185 F.

Bateu l'oli, el mirin, el cibulet, el miso i el pebre. Raspalli les rodanxes d'albergínia amb aquesta barreja. Col·loqueu en una bossa segellable al buit d'una sola capa i cobreixi amb festucs. Repeteix el procés fins que facis servir tots els ingredients. Allibereu l'aire mitjançant el mètode de desplaçament d'aigua, segelli i submergiu la bossa en un bany d'aigua. Configureu el temporitzador en 8 hores. Quan el temporitzador s'hagi aturat, traieu la bossa i el plat.

Dip de pèsols verds

Temps de preparació + cocció: 45 minuts Porcions: 8

Ingredients:

2 tasses de pèsols verds
3 cullerades de crema espessa
1 cullerada d'estragó
1 gra d'all
1 culleradeta d'oli d'oliva
Sal i pebre negre al gust
¼ de tassa de poma picada

Adreces:

Prepareu un bany d'aigua i col·loqueu el Sous Vide-hi. Poseu a 185 F. Col·loqueu tots els ingredients en una bossa segellable al buit. Allibereu l'aire mitjançant el mètode de desplaçament d'aigua, segelli i submergiu la bossa en un bany d'aigua. Configureu el temporitzador en 32 minuts. Quan el temporitzador s'hagi aturat, traieu la bossa i barregi amb una batedora de mà fins que quedi suau.

Papes fregides

Temps de preparació + cocció: 45 | Porcions: 6

Ingredients:

3 lliures de papes, a rodanxes
5 tasses d'aigua
Sal i pebre negre al gust
¼ de culleradeta de bicarbonat de sodi

Adreces:

Prepareu un bany d'aigua i col·loqueu el Sous Vide-hi. Ajustament a 195 F.

Col·loqueu les rodanxes de papa, l'aigua, la sal i el bicarbonat de sodi en una bossa amb tancament al buit. Allibereu l'aire mitjançant el mètode de desplaçament d'aigua, segelli i submergiu la bossa en un bany d'aigua. Configureu el temporitzador en 25 minuts.

Mentrestant, escalfeu l'oli en una cassola a foc mitjà. Quan el temporitzador s'hagi aturat, traieu les rodanxes de papa de la salmorra i assequeu-les. Cuini a l'oli durant uns minuts, fins que estigui daurat.

Amanida de gall dindi amb cogombre

Temps de preparació + cocció: 2 hores 20 minuts Porcions: 3

Ingredients:

1 lliura de pits de gall dindi, llesques

½ tassa de brou de pollastre

2 dents d'all picades

2 cullerades d'oli d'oliva

1 culleradeta de sal

¼ de culleradeta de pebre de Caiena

2 fulles de llorer

1 tomàquet mitjà picat

1 pebrot vermell gran, picat

1 cogombre mitjà

½ culleradeta de condiment italià

Adreces:

Assaoneu el gall dindi amb sal i pebre de caiena. Col·loqueu en un segellador al buit juntament amb el brou de pollastre, l'all i les fulles de llorer. Segelli la bossa i cuini a Sous Vide durant 2 hores a 167 F. Retiri i reservi. Col·loqueu les verdures en un bol gran i afegiu el gall dindi. Barregeu-ho amb condiment italià i oli d'oliva. Barregeu bé per combinar i serveixi immediatament.

Boles de gingebre

Temps de preparació + cocció: 1 hora i 30 minuts | Porcions: 3

Ingredients:

1 lliura de carn mòlta
1 tassa de cebes finament picades
3 cullerades d'oli d'oliva
¼ tassa de coriandre fresc, finament picat
¼ tassa de menta fresca, finament picada
2 culleradetes de pasta de gingebre
1 culleradeta de pebre de caiena
2 culleradetes de sal

Adreces:

En un bol gran, combineu la carn mòlta, les cebes, l'oli d'oliva, el coriandre, la menta, el coriandre, la pasta de gingebre, el pebre de caiena i la sal. Motlleja les hamburgueses i refrigera per 15 minuts. Retirar de la nevera i transferir a bosses segellables al buit separades. Cuini a Sous Vide durant 1 hora a 154 F.

Boles de mossegada de bacallà

Temps de preparació + cocció: 105 minuts Porcions: 5

Ingredients:

12 unces de bacallà picat
2 unces de pa
1 cullerada de mantega
¼ de tassa de farina
1 cullerada de sèmola
2 cullerades d'aigua
1 cullerada d'all picat
Sal i pebre negre al gust
¼ culleradeta de pebre vermell

Adreces:

Prepareu un bany d'aigua i col·loqueu el Sous Vide-hi. Ajustament a 125 F.

Combineu el pa i l'aigua i tritureu la barreja. Afegiu els ingredients restants i barregi bé per combinar. Fes boles amb la barreja.

Ruixeu una paella amb oli en aerosol i cuini les boles de mossegada a foc mitjà uns 15 segons per costat, fins que estiguin lleugerament torrades. Col·loqueu les picades de bacallà en una bossa segellable al buit. Allibereu l'aire mitjançant el mètode de desplaçament d'aigua, segelli i submergiu la bossa en un bany d'aigua. Configureu el temporitzador en 1 hora i 30 minuts. Quan s'hagi aturat el cronòmetre, retira la bossa i serveix els mossegades de bacallà. Atendre.

Pastanagues Baby Glasseadas

Temps de preparació + cocció: 3 hores 10 minuts Porcions: 4

Ingredients:

1 tassa de pastanagues petites
4 cullerades de sucre morena
1 tassa de escalunya picada
1 cullerada de mantega
Sal i pebre negre al gust
1 cullerada d'anet

Adreces:

Prepareu un bany d'aigua i poseu Sous Vide en ell. Poseu a 165 F. Col·loqueu tots els ingredients en una bossa segellable al buit. Agitar per cobrir. Allibereu l'aire mitjançant el mètode de desplaçament d'aigua, segeu i submergiu en un bany d'aigua. Configureu el temporitzador durant 3 hores. Quan el temporitzador s'hagi aturat, traieu la bossa. Serveixi calent.

Aletes de pollastre calents

Temps de preparació + cocció: 4 hores 15 minuts Porcions: 4

Ingredients:

2 lliures d'aletes de pollastre
½ barra de mantega fosa
¼ de tassa de salsa vermella picant
½ culleradeta de sal

Adreces:

Prepareu un bany d'aigua i poseu Sous Vide en ell. Poseu a 170 F. Assaoneu el pollastre amb sal i poseu-lo en 2 bosses segellables al buit. Alliberar aire mitjançant el mètode de desplaçament d'aigua, segellar i submergir al bany. Cuini per 4 hores. Un cop fet això, retira les bosses. Bateu la salsa i la mantega. Barregeu les ales amb la barreja.

Muffins de ceba i cansalada

Temps de preparació i cocció: 3 hores 45 minuts | Porcions: 5

Ingredients:

1 ceba picada

6 unces de cansalada, picat

1 tassa de farina

4 cullerades de mantega fosa

1 ou

1 culleradeta de bicarbonat de sodi

1 cullerada de vinagre

¼ de culleradeta de sal

Adreces:

Prepareu un bany d'aigua i col·loqueu el Sous Vide-hi. Establert el 196 F.

Mentrestant, en una paella a foc mitjà, cuini la cansalada fins que estigui cruixent. Transferiu a un bol i afegiu la ceba al greix de cansalada i cuini per uns minuts, fins que estigui suau.

Transferiu a un bol i afegiu els ingredients restants. Dividiu la massa per muffins en 5 flascons petits. Assegureu-vos de no omplir més de la meitat. Col·loqueu els flascons en un bany d'aigua i programeu el temporitzador durant 3 hores i 30 minuts. Quan es va aturar el temporitzador, retiri els flascons i serveixi.

Musclos al vi blanc

Temps de preparació + cocció: 1 hora i 20 minuts | Porcions: 3

Ingredients:

1 lliura de musclos frescos
3 cullerades d'oli d'oliva verge extra
1 tassa de cebes finament picades
¼ tassa de julivert fresc, finament picat
3 cullerades de farigola fresc picat
1 cullerada de ratlladura de llimona
1 tassa de vi blanc sec

Adreces:

En una paella mitjana escalfa l'oli. Afegiu les cebes i salteu fins que estiguin transparents. Afegiu la ratlladura de llimona, el julivert i la farigola. Remeneu bé i transferiu-lo a una bossa segellable al buit. Afegiu els musclos i una tassa de vi blanc sec. Segelli la bossa i cuini a Sous Vide durant 40 minuts a 104 F.

Blat de moro Tamari a la panotxa

Temps de preparació + cocció: 3 hores 15 minuts Porcions: 8

Ingredients:

1 lliura de panotxes de blat de moro
1 cullerada de mantega
¼ tassa de salsa tamari
2 cullerades de pasta de miso
1 culleradeta de sal

Adreces:

Prepareu un bany d'aigua i col·loqueu el Sous Vide-hi. Ajusti'l a 185 F.

Bateu el tamari, la mantega, el miso i la sal. Col·loqueu el blat de moro en una bossa de plàstic i aboqui la barreja. Agitar per cobrir. Allibereu l'aire mitjançant el mètode de desplaçament de l'aigua, segelli i submergiu la bossa en un bany d'aigua. Configureu el temporitzador durant 3 hores. Quan el temporitzador s'hagi aturat, traieu la bossa. Serveixi calent.

Vieires amb Cansalada

Temps de preparació + cocció: 50 minuts Porcions: 6

Ingredients:

10 unces de vieires
3 unces de cansalada, llescat
½ ceba ratllada
½ culleradeta de pebre blanc
1 cullerada d'oli d'oliva

Adreces:

Prepareu un bany d'aigua i col·loqueu el Sous Vide-hi. Ajusti'l a 140 F.

Cobreixi les vieires amb la ceba ratllada i emboliqui amb rodanxes de cansalada. Escampar-hi pebre blanc i ruixar amb oli. Col · loqueu en una bossa de plàstic. Allibereu l'aire mitjançant el mètode de desplaçament de l'aigua, segelli i submergiu la bossa en un bany d'aigua. Configureu el temporitzador durant 35 minuts. Quan el temporitzador s'hagi aturat, traieu la bossa. Atendre.

Aperitiu de gambetes

Temps de preparació i cocció: 75 minuts | Porcions: 8

Ingredients:

1 lliura de gambetes
3 cullerades d'oli de sèsam
3 cullerades de suc de llimona
½ tassa de julivert
Sal i pebre blanc al gust

Adreces:

Prepareu un bany d'aigua i col·loqueu el Sous Vide-hi. Ajusti'l a 140 F.

Col·loqueu tots els ingredients en una bossa amb tancament al buit. Agiteu per cobrir bé les gambetes. Allibereu l'aire mitjançant el mètode de desplaçament de l'aigua, segelli i submergiu la bossa en un bany d'aigua. Configureu el temporitzador durant 1 hora. Quan el temporitzador s'hagi aturat, traieu la bossa. Serveixi calent.

Crema de fetge de pollastre

Temps de preparació + cocció: 5 hores 15 minuts Porcions: 8

Ingredients:

1 lliura de fetge de pollastre

6 ous

8 unces de cansalada, picat

2 cullerades de salsa de soja

3 unces de escalunya picada

3 cullerades de vinagre

Sal i pebre negre al gust

4 cullerades de mantega

½ culleradeta de pebre vermell

Adreces:

Prepareu un bany d'aigua i col·loqueu el Sous Vide-hi. Ajusteu-lo a 156 F.

Cuina la cansalada en una paella a foc mitjà, afegeix les escalunyes i cuina per 3 minuts. Afegeix-hi la salsa de soja i el vinagre. Transferiu a una liquadora juntament amb els ingredients restants. Barregeu-ho fins que estigui suau. Col·

loqueu tots els ingredients en un flascó de vidre i segell. Cuini per 5 hores. Quan el temporitzador s'hagi aturat, traieu el flascó i serveixi.

Vegetals de carbassa amb gingebre

Temps de preparació + cocció: 70 minuts Porcions: 8

Ingredients:

14 unces de carbassa butternut
1 cullerada de gingebre ratllat
1 culleradeta de mantega fosa
1 culleradeta de suc de llimona
Sal i pebre negre al gust
¼ de culleradeta de cúrcuma

Adreces:

Prepareu un bany d'aigua i col·loqueu el Sous Vide-hi. Ajusti'l a 185 F.

Pela i talla la carbassa a rodanxes. Col·loqueu tots els ingredients en una bossa amb tancament al buit. Agiteu per cobrir bé. Allibereu l'aire mitjançant el mètode de desplaçament d'aigua, segelli i submergiu la bossa en un bany d'aigua. Configureu el temporitzador en 55 minuts. Quan el temporitzador s'hagi aturat, traieu la bossa. Serveixi calent.

Cues de llagosta

Temps de preparació + cocció: 50 minuts Porcions: 6

Ingredients:

1 lliura de cues de llagosta, granulades
½ llimona
½ culleradeta d'all en pols
¼ de culleradeta de ceba en pols
1 cullerada de romaní
1 culleradeta d'oli d'oliva

Adreces:

Prepareu un bany d'aigua i col·loqueu el Sous Vide-hi. Ajusti'l a 140 F.

Assaoneu la llagosta amb all i ceba en pols. Col·loqueu en una bossa segellable al buit. Afegiu la resta dels ingredients i agiteu per cobrir. Allibereu l'aire mitjançant el mètode de desplaçament de l'aigua, segelli i submergiu la bossa en un bany d'aigua. Configureu el temporitzador durant 40 minuts. Quan el temporitzador s'hagi aturat, traieu la bossa. Serveixi calent.

Tofu BBQ

Temps de preparació + cocció: 2 hores 15 minuts Porcions: 8

Ingredients:

15 unces de tofu
3 cullerades de salsa barbacoa
2 cullerades de salsa tamari
1 culleradeta de ceba en pols
1 culleradeta de sal

Adreces:

Prepareu un bany d'aigua i col·loqueu el Sous Vide-hi. Ajusti'l a 180 F.

Talla el tofu a cubs. Col·loca'l en una bossa de plàstic. Allibereu l'aire mitjançant el mètode de desplaçament de l'aigua, segelli i submergiu la bossa en un bany d'aigua. Configureu el temporitzador durant 2 hores.

Quan el temporitzador s'hagi aturat, traieu la bossa i transferiu-la a un bol. Afegiu els ingredients restants i regireu per combinar.

Saborosa torrada francesa

Temps de preparació + cocció: 100 minuts Porcions: 2

Ingredients:

2 ous
4 llesques de pa
½ tassa de llet
½ culleradeta de canyella
1 cullerada de mantega fosa

Adreces:

Prepareu un bany d'aigua i col·loqueu el Sous Vide-hi. Ajustament a 150 F.

Bateu els ous, la llet, la mantega i la canyella. Col·loqueu les llesques de pa en una bossa amb tancament al buit i aboqui la barreja d'ou. Agiteu per cobrir bé. Allibereu l'aire mitjançant el mètode de desplaçament de l'aigua, segelli i submergiu la bossa en un bany d'aigua. Configureu el temporitzador durant 1 hora i 25 minuts. Quan el temporitzador s'hagi aturat, traieu la bossa. Serveixi calent.

Ànec dolç i picant

Temps de preparació + cocció: 70 minuts Porcions: 4

Ingredients:

1 lliura de pit d'ànec
1 culleradeta de farigola
1 culleradeta d'orenga
2 cullerades de mel
½ culleradeta de Xile en pols
½ culleradeta de pebre vermell
1 culleradeta de sal d'all
1 cullerada d'oli de sèsam

Adreces:

Prepareu un bany d'aigua i col·loqueu el Sous Vide-hi. Ajustament a 158 F.

Bateu la mel, l'oli, les espècies i les herbes. Unteu l'ànec amb la barreja i poseu-lo en una bossa amb tancament al buit. Allibereu l'aire mitjançant el mètode de desplaçament d'aigua, segelli i submergiu la bossa en un bany d'aigua. Configureu el temporitzador durant 60 minuts.

Quan el temporitzador s'hagi aturat, traieu la bossa i talli el pit d'ànec. Serveixi calent.

Ruibarbre en escabetx Sous Vide

Temps de preparació + cocció: 40 minuts Porcions: 8

Ingredients:

2 lliures de ruibarbre, a rodanxes

7 cullerades de vinagre de sidra de poma

1 cullerada de sucre morena

¼ de tija d'api, picat

¼ de culleradeta de sal

Adreces:

Prepareu un bany d'aigua i col·loqueu el Sous Vide-hi. Poseu a 180 F. Col·loqueu tots els ingredients en una bossa segellable al buit. Agiteu per cobrir bé. Alliberar aire mitjançant el mètode de desplaçament d'aigua, segellar i submergir la bossa al bany Maria, cuinar durant 25 minuts. Quan el temporitzador s'hagi aturat, traieu la bossa. Serveixi calent.

Mandonguilles De Pavo

Temps de preparació + cocció: 2 hores 10 minuts Porcions: 4

Ingredients:

12 unces de gall dindi mòlt
2 culleradetes de salsa de tomàquet
1 ou
1 culleradeta de coriandre
1 cullerada de mantega
Sal i pebre negre al gust
1 cullerada de pa ratllat
½ culleradeta de farigola

Adreces:

Prepareu un bany d'aigua i col·loqueu el Sous Vide-hi. Ajusti'l a 142 F.

Combineu tots els ingredients en un bol. Formeu mandonguilles amb la barreja. Col·loqueu en una bossa segellable al buit. Allibereu l'aire mitjançant el mètode de desplaçament de l'aigua, segelli i submergiu la bossa en un bany d'aigua. Configureu el temporitzador durant 2 hores.

Quan el temporitzador s'hagi aturat, traieu la bossa. Serveixi calent.

Cuixes Dolces amb Tomàquets Assecats al Sol

Temps de preparació i cocció: 75 minuts | Porcions: 7)

Ingredients:

2 lliures de cuixes de pollastre
3 unces de tomàquets secs, picats
1 ceba groga picada
1 culleradeta de romaní
1 cullerada de sucre
2 cullerades d'oli d'oliva
1 ou batut

Adreces:

Prepareu un bany d'aigua i col·loqueu el Sous Vide-hi. Ajusti'l a 149 F.

Combineu tots els ingredients en una bossa amb tancament al buit i agiteu per cobrir bé. Allibereu l'aire mitjançant el mètode de desplaçament de l'aigua, segelli i submergiu la bossa en un bany d'aigua. Configureu el temporitzador durant 63 minuts. Quan el temporitzador s'hagi aturat, traieu la bossa i serveixi com vulgui.

Pollastre Adob

Temps de preparació + cocció: 4 hores 25 minuts Porcions: 6

Ingredients:

2 lliures de cuixes de pollastre

3 cullerades de grans de pebre

1 tassa de brou de pollastre

½ tassa de salsa de soja

2 cullerades de vinagre

1 cullerada d'all en pols

Adreces:

Prepareu un bany d'aigua i col·loqueu el Sous Vide-hi. Ajusti'l a 155 F.

Col·loqueu el pollastre, la salsa de soja i l'all en pols en una bossa amb tancament al buit. Allibereu l'aire mitjançant el mètode de desplaçament d'aigua, segelli i submergiu la bossa en un bany d'aigua. Configureu el temporitzador durant 4 hores. Quan el temporitzador s'hagi aturat, traieu la bossa i col·loqueu-la en una cassola. Afegeix-hi els ingredients restants. Cuini per 15 minuts més.

Xoriço Afruitat "Menja'm"

Temps de preparació i cocció: 75 minuts | Porcions: 4

Ingredients

2½ tasses de raïm blanc sense llavors, sense tiges
1 cullerada de romaní fresc picat
2 cullerades de mantega
4 salsitxes de xoriço
2 cullerades de vinagre balsàmic
Sal i pebre negre al gust

Adreces

Prepareu un bany d'aigua i col·loqueu el Sous Vide-hi. Poseu a 165 F. Col·loqueu la mantega, el raïm blanc, el romaní i el xoriço en una bossa amb tancament al buit. Sacsejar bé. Allibereu l'aire mitjançant el mètode de desplaçament d'aigua, segeu i submergiu la bossa al bany d'aigua. Cuini per 60 minuts.

Quan el temporitzador s'hagi detingut, transfereixi la barreja de xoriço a un plat. En una cassola calenta aboca els líquids de cocció juntament amb el raïm i el vinagre balsàmic. Revuelva per 3 minuts. Cobreixi el xoriço amb salsa de raïm.

Pollastre i Xampinyons a Salsa Marsala

Temps de preparació + cocció: 2 hores 25 minuts Porcions: 2

Ingredients:

2 pits de pollastre, desossats i sense pell

1 tassa de vi Marsala

1 tassa de brou de pollastre

14 unces de xampinyons, a rodanxes

½ cullerada de farina

1 cullerada de mantega

Sal i pebre negre al gust

2 dents d'all picades

1 escalunya picada

Adreces:

Prepareu un bany d'aigua i col·loqueu el Sous Vide-hi. Poseu a 140 F. Assaoneu el pollastre amb sal i pebre i poseu-lo en una bossa amb tancament al buit juntament amb els xampinyons. Alliberar aire mitjançant el mètode de desplaçament daigua, segellar i submergir en un bany daigua. Cuini per 2 hores.

Quan el temporitzador s'hagi aturat, traieu la bossa. Fondre la mantega en una paella a foc mitjà, afegiu la farina i la resta dels ingredients. Cuini fins que la salsa espesseixi. Afegiu el pollastre i cuini per 1 minut.

Albercocs de vainilla amb whisky

Temps de preparació + cocció: 45 minuts Porcions: 4

Ingredients

2 albercocs, sense os ia quarts
½ tassa de whisky de sègol
½ tassa de sucre ultrafina
1 culleradeta d'extracte de vainilla
Sal al gust

Adreces

Prepareu un bany d'aigua i poseu Sous Vide en ell. Poseu a 182 F. Col·loqueu tots els ingredients en una bossa segellable al buit. Alliberar aire mitjançant el mètode de desplaçament daigua, segellar i submergir en un bany daigua. Cuini per 30 minuts. Quan el temporitzador s'hagi aturat, traieu la bossa i transferiu-la a un bany de gel.

Hummus condimentat fàcil

Temps de preparació + cocció: 3 hores 35 minuts Porcions: 6

Ingredients

1½ tasses de cigrons secs, remullats durant la nit

2 cambres de galó d'aigua

¼ de tassa de suc de llimona

¼ de tassa de pasta tahini

2 dents d'all picades

2 cullerades d'oli d'oliva

½ culleradeta de llavors d'alcaravea

½ culleradeta de sal

1 culleradeta de pebre de caiena

Adreces

Prepareu un bany d'aigua i col·loqueu el Sous Vide-hi. Establert el 196 F.

Cola els cigrons i col·loca'ls en una bossa segellable al buit amb 1 litre d'aigua. Allibereu l'aire mitjançant el mètode de desplaçament d'aigua, segeu i submergiu la bossa al bany d'aigua. Cuini per 3 hores. Quan el temporitzador s'hagi aturat, traieu la bossa i transferiu-la a un bany d'aigua gelada i deixeu-la refredar.

En una liquadora, barregeu el suc de llimona i la pasta de tahini durant 90 segons. Afegiu l'all, l'oli d'oliva, les llavors d'alcaravea i la sal, barregeu durant 30 segons fins que quedi suau. Retireu els cigrons i escorreu-los. Per a un hummus més suau, pela els cigrons.

En un processador d'aliments, combineu la meitat dels cigrons amb la barreja de tahini i licueu per 90 segons. Afegiu els cigrons restants i barregi fins que quedi suau. Posa la barreja en un plat i decora amb pebre de caiena i els cigrons reservats.

Baquetes de llima kaffir

Temps de preparació + cocció: 80 minuts Porcions: 7)

Ingredients:

16 unces de cuixes de pollastre

2 cullerades de fulles de coriandre

1 culleradeta de menta seca

1 culleradeta de farigola

Sal i pebre blanc al gust

1 cullerada d'oli d'oliva

1 cullerada de fulles de llima kaffir picades

Adreces:

Prepareu un bany d'aigua i col·loqueu el Sous Vide-hi. Poseu a 153 F. Col·loqueu tots els ingredients en una bossa segellable al buit. Massatge per cobrir bé el pollastre. Allibereu l'aire mitjançant el mètode de desplaçament d'aigua, segelli i submergiu la bossa en un bany d'aigua. Configureu el temporitzador en 70 minuts. Un cop fet això, retira la bossa. Serveixi calent.

Puré de papes lletós amb romaní

Temps de preparació + cocció: 1 hora i 45 minuts | Porcions: 4

Ingredients

2 lliures de papes vermelles

5 dents d'all

8 oz de mantega

1 tassa de llet sencera

3 branquetes de romaní

Sal i pebre blanc al gust

Adreces

Prepareu un bany d'aigua i col·loqueu el Sous Vide-hi. Poseu a 193 F. Renteu les patates, peleu-les i talleu-les a rodanxes. Agafar els alls, pelar-los i triturar-los. Combineu les papes, l'all, la mantega, 2 cullerades de sal i el romaní. Col · loqueu en una bossa segellable al buit. Allibereu l'aire mitjançant el mètode de desplaçament d'aigua, segeu i submergiu la bossa al bany d'aigua. Cuini per 1 hora i 30 minuts.

Quan el temporitzador s'hagi aturat, traieu la bossa i transferiu-la a un bol i tritureu-los. Remeneu la mantega i la llet barrejades. Condimentar amb sal i pebre. Cobreixi amb romaní i serveixi.

Broquetes de tofu dolç amb verdures

Temps de preparació + cocció: 65 minuts Porcions: 8)

Ingredients

1 carbassó, a rodanxes

1 albergínia a rodanxes

1 pebrot groc picat

1 pebrot vermell picat

1 pebrot verd picat

16 unces de formatge tofu

¼ tassa d'oli d'oliva

1 cullerada de mel

Sal i pebre negre al gust

Adreces

Prepareu un bany d'aigua i col·loqueu el Sous Vide-hi. Ajusti'l a 186 F.

Col · loqueu el carbassó i l'albergínia en una bossa amb tancament al buit. Col · loqueu els trossos de pebrot en una bossa amb tancament al buit. Allibereu l'aire mitjançant el mètode de desplaçament d'aigua, segelli i submergiu les bosses al bany d'aigua. Cuini per 45 minuts. Després de 10 minuts, escalfa una paella a foc mitjà.

Coleu el tofu i assequeu-lo. Picar en galledes. Unteu amb oli d'oliva i transferiu a la paella i daureu fins que estiguin daurats per cada costat. Transfereixi a un bol, aboqui la mel i cobreixi. Deixeu refredar. Quan el temporitzador s'hagi aturat, traieu les bosses i transferiu tot el contingut a un recipient. Condimentar amb sal i pebre. Rebutgeu els sucs de cocció. Col · loqueu les verdures i el tofu, alternant, a les broquetes.

Filets De Pollastre Dijon

Temps de preparació + cocció: 65 minuts Porcions: 4

Ingredients:

1 lliura de filets de pollastre
3 cullerades de mostassa de Dijon
2 cebes ratllades
2 cullerades de maizena
½ tassa de llet
1 cullerada de ratlladura de llimona
1 culleradeta de farigola
1 culleradeta d'orenga
Sal d'all i pebre negre al gust
1 cullerada d'oli d'oliva

Adreces:

Prepareu un bany d'aigua i col·loqueu el Sous Vide-hi. Establir a 146 F. Bateu tots els ingredients i col·loqueu-los en una bossa segellable al buit. Allibereu l'aire mitjançant el mètode de desplaçament de l'aigua, segelli i submergiu la bossa en un bany d'aigua. Configureu el temporitzador durant 45 minuts.

Quan el temporitzador s'hagi aturat, traieu la bossa i transferiu-la a una cassola i cuini a foc mitjà durant 10 minuts.

Pebrots Farcits de Pastanagues I Nous

Temps de preparació + cocció: 2 hores 35 minuts Porcions: 5

Ingredients

4 escalunyes picades

4 pastanagues picades

4 dents d'all picades

1 tassa d'anacards crus, remullats i escorreguts

1 tassa de nous, remullades i escorregudes

1 cullerada de vinagre balsàmic

1 cullerada de salsa de soja

1 cullerada de comí mòlt

2 culleradetes de pebre vermell

1 culleradeta d'all en pols

1 pessic de pebre de caiena

4 branquetes de farigola fresc

Ratlladura d'1 llimona

4 pebrots morrons, tallats i sense llavors

Adreces

Prepareu un bany d'aigua i col·loqueu el Sous Vide-hi. Ajusti'l a 186 F.

Combineu en una liquadora les pastanagues, l'all, les escalunyes, els anacards, les nous, el vinagre balsàmic, la salsa de soja, el comí, el pebre vermell, l'all en pols, el pebre de caiena, la farigola i la ratlladura de llimona. Barregeu-ho fins que quedi aproximadament.

Aboqui la barreja a les closques dels pebrots i col·loqui-les en una bossa segellable al buit. Allibereu l'aire mitjançant el mètode de desplaçament d'aigua, segeu i submergiu la bossa al bany d'aigua. Cuini per 1 hora i 15 minuts. Quan el temporitzador s'hagi aturat, traieu els pebrots i transferiu-los a un plat.

Ànec a la taronja amb pebre vermell i farigola

Temps de preparació + cocció: 15 hores 10 minuts Porcions: 4

Ingredients:

16 unces de cuixes d'ànec

1 culleradeta de ratlladura de taronja

2 cullerades de fulles de Kaffir

1 culleradeta de sal

1 culleradeta de sucre

1 cullerada de suc de taronja

2 culleradetes d'oli de sèsam

½ culleradeta de pebre vermell

½ culleradeta de farigola

Adreces:

Prepareu un bany d'aigua i col·loqueu el Sous Vide-hi. Poseu a 160 F. Aboqui tots els ingredients en una bossa segellable al buit. Fer massatges per combinar bé. Allibereu l'aire mitjançant el mètode de desplaçament de l'aigua, segelli i submergiu la bossa en un bany d'aigua. Configureu el temporitzador durant 15 hores.

Quan el temporitzador s'hagi aturat, traieu la bossa. Serveixi calent.

Cama de gall dindi embolicada en cansalada

Temps de preparació + cocció: 6 hores 15 minuts Porcions: 5

Ingredients:

14 unces de cama de gall dindi
5 unces de cansalada, llescat
½ culleradeta de fulles de Xile
2 culleradetes d'oli d'oliva
1 cullerada de crema agra
½ culleradeta d'orenga
½ culleradeta de pebre vermell
¼ de llimona, a rodanxes

Adreces:

Prepareu un bany d'aigua i col·loqueu el Sous Vide-hi. Ajusti'l a 160 F.

Combineu en un bol les herbes i espècies amb la crema agra i unteu el gall dindi amb un pinzell. Emboliqui en cansalada i ruixeu amb oli d'oliva. Col · loqueu en una bossa segellable al buit juntament amb la llimona. Allibereu l'aire mitjançant el mètode de desplaçament d'aigua, segelli i submergiu la bossa en un bany d'aigua. Configureu el temporitzador per 6 hores. Quan el temporitzador s'hagi aturat, traieu la bossa i tall. Serveixi calent.

Barreja d'espàrrecs i estragó

Temps de preparació + cocció: 25 minuts Porcions: 3

Ingredients:

1 ½ lb d'espàrrecs mitjans

5 cullerades de mantega

2 cullerades de suc de llimona

½ culleradeta de ratlladura de llimona

1 cullerada de cibulet a rodanxes

1 cullerada de julivert picat

1 cullerada + 1 cullerada d'anet fresc picat

1 cullerada + 1 cullerada d'estragó, picat

Adreces:

Feu un bany daigua, poseu el Sous Vide en ell i ajust a 183 F. Tallar i rebutjar els fons apretats dels espàrrecs. Col·loqueu els espàrrecs en una bossa amb tancament al buit.

Allibereu l'aire mitjançant el mètode de desplaçament d'aigua, segeu i submergiu en un bany d'aigua i configureu el temporitzador durant 10 minuts.

Quan el temporitzador s'hagi aturat, traieu la bossa i obriu. Col·loqueu una paella a foc lent, afegiu la mantega i els espàrrecs al vapor. Assaoneu amb sal i pebre i regireu contínuament. Afegiu el suc i la ratlladura de llimona i cuini per 2 minuts.

Apagueu el foc i afegiu el julivert, 1 cullerada d'anet i 1 cullerada d'estragó. Barregeu uniformement. Adorni amb la resta de l'anet i estragó. Serveixi calent com a guarnició.

Filets de coliflor picants

Temps de preparació + cocció: 35 minuts Porcions: 5

Ingredients:

1 lliura de coliflor, a rodanxes
1 cullerada de cúrcuma
1 culleradeta de Xile en pols
½ culleradeta d'all en pols
1 culleradeta de siratxa
1 cullerada de xipotle
1 cullerada pesada
2 cullerades de mantega

Adreces:

Prepareu un bany d'aigua i col·loqueu el Sous Vide-hi. Ajusti'l a 185 F.

Bateu tots els ingredients, excepte la coliflor. Unteu els filets de coliflor amb la barreja. Col·loca'ls en una bossa amb tancament al buit. Allibereu l'aire mitjançant el mètode de desplaçament de l'aigua, segelli i submergiu la bossa en un bany d'aigua. Configureu el temporitzador durant 18 minuts.

Quan el temporitzador s'hagi aturat, traieu la bossa i preescalfeu la graella i cuini els filets durant un minut per costat.

Tires de papa Caiena amb amaniment de maionesa

Temps de preparació + cocció: 1 hora i 50 minuts | Porcions: 6

Ingredients

2 papes daurades grans, tallades a tires
Sal i pebre negre al gust
1 ½ cullerada d'oli d'oliva
1 culleradeta de farigola
1 culleradeta de pebre vermell
½ culleradeta de pebre de caiena
1 rovell d'ou
2 cullerades de vinagre de sidra
¾ tassa d'oli vegetal
Sal i pebre negre al gust

Adreces

Prepareu un bany d'aigua i col·loqueu el Sous Vide-hi. Poseu a 186 F. Col·loqueu les patates amb un pessic de sal en una bossa segellable al buit. Alliberar aire mitjançant el mètode de desplaçament daigua, segellar i submergir en un bany daigua. Cuini per 1 hora i 30 minuts.

Quan el temporitzador s'hagi aturat, traieu les papes i assequeu-les amb una tovallola de cuina. Rebutgeu els sucs de cocció. Escalfeu l'oli en una paella a foc mitjà. Afegiu les papes fregides i empolvori amb pebre vermell, caiena, farigola, pebre negre i la sal restant. Revuelva durant 7 minuts fins que les papes es daurin per tot arreu.

Per fer la maionesa: barregeu bé el rovell d'ou i la meitat del vinagre. Lentament, aboqui l'oli vegetal mentre remena fins que quedi suau. Afegeix el vinagre restant. Assaoneu amb sal i pebre i barregeu bé. Serveix amb papes fregides.

www.ingramcontent.com/pod-product-compliance
Lightning Source LLC
Chambersburg PA
CBHW071433080526
44587CB00014B/1828